C'EST PAS FAUX

La mythologie dans Camelot

(avec un K)

C'EST PAS FAUX

La mythologie dans Camelot

(avec un K)

C.M. DUTKIEWICZ

© Editions C.M. Dutkiewicz 27370 St Didier des bois, 2022
ISBN 978-2-9561589-7-4, 1re publication

*Originaire de Normandie, C.M. est passionnée
de mythologie et aime étudier son influence
sur la société moderne.*

Sommaire

Introduction --- 9

Mythologie arthurienne et celtique ------------------ 11

Mythologie gréco-romaine ------------------------- 33

Mythologie judéo-chrétienne --------------------- 43

Mythologie scandinave --------------------------- 51

Autres mythologies ------------------------------ 57

Créatures fantastiques -------------------------- 63

Symbolisme ------------------------------------- 75

Histoire -- 83

Géographie-------------------------------------- 91

Table des matières------------------------------- 98

Filmographie ----------------------------------102

Bibliographie ----------------------------------103

Introduction

Quelle est la véritable légende d'**Arthur*** ? Où se trouve **Avalon** ? Jusqu'où s'étendent les limites du royaume de Logres ? Qui est **Yvain, le chevalier au Lion** ? Quel est le si grand destin de **Perceval** ?

Avec plus de 100 entrées classées par ordre alphabétique, ce petit dictionnaire, 100% Fan Made, vous fera découvrir la base mythologique qui a inspiré la série humoristique autour de **Camelot** et du roi **Arthur**.

** : Les éléments en **gras** possèdent une entrée dans cet ouvrage.*

Mythologie arthurienne et celtique

Agravain • Anna • Anton • Arthur • Avalon
Ban de Bénoïc • Blaise • Bohort de Gaule •
Bohort de Gaunes • Calogrenant • Camelot
• Caradoc • Chevaliers de la Table Ronde •
Chevalier noir • Edern • Escalibur • Galaad
• Gauvain • Gorlais • Graal • Guenièvre
• Hector des Mares • Kay • Lancelot du Lac
• L'Ankou • Léodagan de Carmélide •
Lionel • Lot d'Orcanie • Méléagan • Merlin
• Morgane • Perceval • Uter Pendragon •
Vivane / La Dame du Lac • Ygerne • Yvain,
chevalier au lion

Agravain

Agravain est l'un des fils de **Lot** et **Morcadès**. Il a pour frères **Gauvain** et Mordred. C'est un **chevalier de la Table Ronde**.
Bien que bon chevalier, il est cruel et envieux. Ennemi juré de **Lancelot**, il fera tout pour dénoncer l'adultère de **Guenièvre** et **Lancelot** qui finira par un duel entre Agravain et **Lancelot**, ce qui met un terme à l'idéal chevaleresque de la Table Ronde.

Anna

Anna est la fille d'**Ygerne** de Tintagel, sœur d'**Arthur**. Son père est soit le duc de **Gorlais**, soit **Uther Pendragon** en fonction des sources. Elle est la femme du roi **Lot** d'Orcanie et mère de **Gauvain** et de ses frères.
Ana est la mère des dieux Irlandais, elle-même déesse-mère et nourricière. Son nom signifie abondance.

Anton / Antor

Antor est le père de **Kay**. Il devient le père adoptif d'**Arthur** lorsque **Merlin** le lui confie.

Arthur (roi)

Arthur est le fils d'**Ygerne** de Tintagel et d'**Uther Pendragon**. C'est grâce à **Merlin** qu'**Uther** put rejoindre la couche d'**Ygerne** sous les trais de son mari le duc de **Gorlais**. Arthur a une de-mi-sœur du nom de **Anna** (ou Morgadès), femme de **Lot**, duc d'Orcanie (selon certaines légendes, il aurait une demi-sœur qui serait la fée **Morgane** et de cet union naquit Mordred). L'épouse d'Arthur est **Guenièvre**.

Arthur est le personnage principal de la légende arthurienne et des **Chevaliers de la Tables Ronde**. L'exploit qui fait d'Arthur un roi est ses victoires faces aux envahisseurs saxons : les douze grandes batailles qu'il remporte délimitent, à terme, les frontières linguistiques entre le monde anglo-saxons et le monde celte : Cornouailles, Pays de Galles et Ecosse. Arthur incarne la résistance bretonne (celte) face à l'envahisseur (saxon). Le premier exploit d'Arthur est de retirer l'épée de la pierre (il s'agit parfois de l'épée du gisant de son père). C'est la fée **Viviane** qui donne à Arthur son épée légendaire : **Excalibur** (ou Caliburne). Arthur possède de nombreux objets magiques en plus d'**Escalibur** : un bouclier (qui peut, entre autre, se transformer en pont ou en navire), une lance, un couteau et son manteau blanc « manipule » le visible et l'invisible. Arthur réalise de nombreux exploits (tuer des géants, vaincre des dragons, partir en quête d'objets magiques…). **Guenièvre** est séduite par **Lancelot** et s'enfuit de **Camelot** avec lui. Cette fuite ne durera pas longtemps mais sera à l'origine du déclin du royaume d'Arthur.

Lorsqu'**Arthur** part combattre l'empereur de Rome, il laisse le royaume en gérance à Mordred (qui est soit son neveu, soit son fils issus de l'union incestueuse entre Arthur et sa demi-sœur). Celui-ci en profite pour séduire (ou maltraiter) la reine et usurper le trône. Lorsqu'**Arthur** est de retour, celui-ci combat Mordred pour reprendre sa place légitime. Arthur parvient à tuer Mordred mais il est mortellement blessé par celui-ci. La fée **Morgane** vient le chercher pour le conduire sur l'île d'**Avalon** où il attendra le moment où il pourra revenir et redonner sa gloire à la Bretagne.

Saga primitive

Arthur est un enfant très laid, qui ressemble à un ours, ce qui lui vaut son nom. il a pour sœur **Anna** et son frère de lai est **Kai**.

C'est lorsqu'Arthur part combattre les Saxons que ces exploits commencent. Il rencontre de nouveaux camarades qui partent avec lui.

Arthur tente de voler les porcs dorés de Tristan mais ne parvient pas à tromper sa vigilance.

Il dérobe la tunique magique de Padarn mais la terre se dérobe et l'engloutit. Padarn accepte de le délivrer.

Il parvient à convaincre le héros Carannawg de dompter le serpent de Carrum.

Arthur gagne six batailles contre les Saxons et sa troupe de chevalier grossie.

Arthur tue un loup qui a été transformé par sa femme car celui-ci était un mauvais sorcier.

Arthur part délivrer le chevalier Gwair d'une île mystérieuse où se trouve le Chaudron de la Connaissance et de l'Abondance (dont Bedwyr en devient le porteur) ainsi que l'Épée magique Kaledfwlch (Dure Entaille).

Arthur pourchasse la truie Henwen dont la porter ravagera l'île de Môn.

Arthur parvient à tuer le géant Ritta qui avait pris goût à couper la barbe des rois pour s'en faire un manteau.

Un jour, Arthur traverse une forêt et fait la rencontre d'un homme avec une massue qui lui pose la question suivante « quelle est la chose que les femmes désirent par-dessus tout ? » et lui laisse un an pour répondre. Arthur collecte de nombreuses réponses, toutes différentes. Au dernier jour de l'année, il rencontre une vielle et laide femme qui lui promet de lui donner la réponse si lui accepte de l'épouser en retour. Arthur accepte et donne la réponse « la souveraineté » à l'homme de la forêt qui est furieux. Arthur rentre chez lui et tient sa promesse d'épouser la vielle femme. Ce n'est que suite à ce mariage et au choix qu'Arthur lui laisse que le sort qui pesait sur Gwennhwyfar (**Guenièvre**) est levé et qu'elle redevient la jolie femme qu'elle était.

Arthur parvient à délivrer Mabon après avoir parlé au vieux Merle, au Cerf, au Hibou, à l'aigle et enfin au saumon.

Maelwas enlève Gwennhwyfar lord d'un banquet et l'emmène dans son royaume. Arthur, aidé de l'ermite Gildas part la délivrer. De nombreux hommes (le géant Karadawg par exemple) enlèvent Gwennhwyfar mais Arthur parvient toujours à la délivrer.

Arthur aide son ami Kulhwch à rapporter les objets demandés pour pouvoir épouser Olwen.

Arthur tente de s'emparer des objets magiques de la truie Twrch Trwyth mais celle-ci saute dans l'océan car la souveraineté spirituelle n'est pas pour Arthur.

Edern est le chevalier qui rapporte à Gwennhwyfar le couteau merveilleux des géants. Gwennhwyfar avait promis une récompense à celui qui parviendrait à ramener ce couteau.

Arthur gagne la bataille du Mont Badon contre les Saxons, les Pictes et les pirates d'Irlande.

Arthur a trois fils. Le premier est tué lors de la chasse à la truie Twrch Trwyth. Le second par Arthur lui-même dans un combat mais ne le reconnait qu'après sa mort. Le troisième avait l'habitude de s'endormir auprès de ses victimes après le combat ; c'est ce qu'il fit après avoir tué le géant de la Forêt. Kai le tua dans son sommeil pour s'attribuer le mérite de la victoire sur le géant.

La Dame du Château des Prouesses affirme à Arthur qu'il est entouré des meilleurs chevaliers du monde.

Arthur est un personnage principal dans l'histoire de Tristan et Yseult.

Arthur, aidé du druide Eflam, parvient à capturer le dragon de Liydaw et ils l'enchaînent.

Lors de l'absence d'Arthur, Medrawt (Mordred) saccage Keliwis (**Camelot**) et viole Gwennhwyfar. En retour, Arthur pille sa forteresse et ravage sa contrée. C'est ainsi que naît la haine entre les deux hommes.

C'est lors d'un combat en forêt de Brocéliande qu'Arthur perd de nombreux compagnons. Medrawt l'attaque à ce moment, est tué par Arthur qui a été lui-même mortellement blessé. C'est accompagné de Gilvaethwy qu'Arthur se rend au bord du lac. Il y jette son épée (car nul n'est capable d'en faire un usage convenable) et une main s'en saisit et la brandit trois fois avant de disparaitre sous l'eau. Resté seul, Arthur embarque pour Avalon ou il restera sous la protection de **Morgane** en « dormition » jusqu'au jour où il se réveillera.

Avalon

Avalon signifie « l'île aux pommes » ou « la pommeraie ». Elle se situerait à proximité immédiate d'Ynis Gutrir (« l'Île de Verre », l'actuel Glastonbury) et serait cachée par les brumes. C'est le royaume de la fée **Morgane**.
Lorsqu'**Arthur** est mortellement blessé par Mordred, la fée Morgane vient et l'emmène sur l'île d'Avalon où il attendra de pouvoir reprendre le royaume de Logres. L'Île d'Avalon est une île possédant une terre très fertile. Cependant, quiconque mange une pomme en dehors de l'île meurt.

Ban de Bénoïc

Ban de Bénoïc est le père de **Lancelot** et d'**Hector**. Il s'agit du frère de **Bohort** de Gaule. On situe Bénoïc en Bretagne armoricaine.
Il aide **Arthur** à vaincre les barons rebelles et Rion, le roi des géants.

Blaise

Blaise est le clerc a qui **Merlin** dicte l'histoire de **Joseph d'Arima-thie**, du **Graal** ainsi que ses exploits.

Bohort de Gaule

Bohort de Gaule est le frère de **Ban de Bénoïc**, père de **Bohort de Gaunes** et de **Lionel**. Il s'allie à Arthur pour guerroyer.

Bohort de Gaunes

Bohort est le fils de **Bohort de Gaule**, frère de **Lionel** et cousin de **Lancelot**. C'est un des meilleurs chevaliers d'**Arthur**. Il parvient à résister aux avances de la fille du roi Bangrore et à rester vierge grâce à un anneau magique.

Il est élu pour participer à la quête du **Graal** en compagnie de **Perceval** et **Galaad**. Il est le seul qui reviendra à la cour d'**Arthur**. Rare survivant de la chevalerie arthurienne, il finira ses jours en ermite.

Calogrenant

Calogrenant est un chevalier d'**Arthur**. Il passe pour le cousin (ou le neveu) d'**Yvain**. Il est le premier à s'aventurer à la fontaine de Barenton. Il est tué par **Lionel** après s'être interposé dans un duel entre **Lionel** et **Bohort**.

Camelot

Il s'agit de la résidence principale du Roi **Arthur** et des **chevaliers de la Table Ronde**. Camelot serait identifiée à la ville de Camulodunum ou de Cadbury.

Caradoc

Caradoc est le fils de Caradoc I et d'Ysaive, nièce d'**Arthur**. Il passe parfois pour le fils de l'enchanteur Éliavrès car celui-ci se plaça dans le lit marital d'Ysaive sous les traits d'une truie, une jument et une levrette qui font l'amour avec Ysaive.
Il est le vainqueur de deux tests et doit ses victoires à son épouse fidèle.

Chevaliers de la Table Ronde

Les Chevaliers de la Table Ronde sont les chevaliers d'**Arthur**, qui partent en mission et vivent des aventures à ses côtés. On peut citer, comme chevaliers célèbres : **Lancelot, Gauvain, Caradoc. Perceval** n'apparaît que plus tardivement (historiquement). Le fait que la table soit ronde représente l'égalité et l'harmonie entre les convives ainsi qu'un monde parfait. La quête du **Graal**, en tant que mission principale des Chevaliers de la Table Ronde, est relativement récente (à partir de la christianisation de l'île).

Chevalier noir

Le chevalier noir est communément un gardien. Il est identifié à Esclados le Roux, une divinité de la tempête.
Le chevalier noir est le gardien de la fontaine de Barenton. Cette fontaine, dont le socle est une grosse émeraude, est le lieu de résidence de la fée Laudire et peut être interrogée pour connaitre le futur. **Yvain** tue le chevalier noir et il devient ainsi le nouveau gardien de la fontaine et l'époux de Laudire.

Dagonet /Daguenet

Dagonet est un le fou du roi **Arthur**. Il est parfois décrit comme un chevalier niais et couard. Sa folie, incurable, met en avant la sagesse des autres chevaliers.

Edern

Edern est un chevalier de la cour d'**Arthur**. Fils de Nudd et frères de Gwynn et Owein, on le compare à l'épervier. Il est accompagné d'une belle cavalière et d'un nain. Il participe à la bataille du Mont Badon contre les Saxons.

Escalibur

Escalibur est l'épée légendaire et magique que la **Dame du Lac** offre à **Arthur**. Il existe plusieurs nom pour cette épée : Escalibur;

Excalibur ; Caliburne ; Kaledwlech (ou Caledwlech). La lame de cette épée aurait été forgée à partir d'une pierre tombée du ciel. Lorsqu'**Arthur** la sort de son fourreau et la brandie, des flammes entourent la lame. Au moment où **Arthur** est mortellement blessé par Mordred et est emmené par la fée **Morgane**, **Arthur** jette son épée dans le lac et une main s'en saisit, la brandie et disparaît sous l'eau.

GALAAD

Galaad est le fils de **Lancelot** et d'Elaine (fille du Roi Pelée ou du Roi Pêcheur). C'est un des **chevaliers de la Table Ronde**.
Il est le seul qui puisse s'asseoir sur le siège périlleux (il s'agit de la place laissée vacante lors de la création de la Table Ronde et qui ne peut être occupée que par le meilleur chevalier du monde ; celui qui s'y assoit alors qu'il n'y est pas destiné est foudroyé).
C'est lorsque Galaad s'assoit sur le siège que les aventures de la Table Ronde semblent prendre fin. Selon certaines légendes, c'est Galaad et non **Perceval** qui trouve le **graal**. Cependant, cette vision insoutenable provoquera sa mort.
Le nom de Galaad serait soit d'origine biblique (doublement du a) soit d'origine profane (relatif aux Galates, nom donné aux Celtes par les Grecs).

GAUVAIN

Gauvain est le fils aîné du roi **Lot** et de la sœur d'**Arthur**. **Agravain** et Mordred sont ses frères. C'est un des chevaliers les plus éminents de la Table Ronde car doté de toutes les vertus chevaleresque. Il incarne la fidélité absolue au roi. Il sera mortellement blessé par **Lancelot** lorsqu'**Arthur** reviendra du continent pour combattre Mordred.

Gorlais / Gorlois

Duc de Cornouailles, il est le premier mari d'**Ygerne.** Gorlais meurt au moment où **Uther**, qui grâce à la magie de **Merlin** a pris son apparence, conçoit **Arthur** avec **Ygerne** dans son lit à **Tintagel**.

Graal / Saint Graal

A l'origine, le graal est un plat large et peu profond servant à nourrir un grand nombre de personne. Etymologiquement, le « graal » se rapproche de « gaulois » au sens populaire, c'est-à-dire non latin.

Ce n'est que plus tard, lors de la christianisation du monde anglo-saxons, que le graal devient le Saint Graal, le dernier récipient dans lequel Jésus ait mangé et ayant recueilli son sang.

Le graal peut être associé à deux autres éléments dans la culture celtique traditionnelle : la lance qui saigne et le tailloir d'argent.

La lance peut avoir un lien avec la cruentation (un cadavre saigne lorsque l'auteur de sa mort est à proximité) ou bien une lance dont la pointe est rouillée. Plus tard, cette lance est associée à la lance du centurion Longin qui perça le flan de Jésus lorsque celui-ci est sur la croix.

Le tailloir d'argent est un plat servant à tailler, c'est-à-dire, découper la viande avant de la servir. Selon une ancienne tradition, la nourriture ne doit jamais être en contact avec le fer (la lance) c'est pourquoi la nourriture doit être déposée dans un plat en argent (tailloir) ou en or (graal).

Selon une première légende, le graal est gardé par le Roi Pêcheur, infirme, qui ne pourrait être guéri que si quelqu'un (en particulier **Perceval**) l'interroge sur les trois objets ; ce que **Perceval** ne fait pas (il ne veut pas paraître curieux ou déplacé) et n'obtient donc pas les objets. Selon une seconde légende, **Perceval** trouve

     C'est pas faux, la mythologie dans Camelot

le graal mais le perd sur le chemin du retour vers **Camelot**. La quête du graal (et plus particulièrement du Saint Graal) n'apparaît que tardivement dans la légende arthurienne (la quête du Saint Graal en tant que mission principale des **chevaliers de la Table Ronde** apparait encore plus tardivement, au moment de la fusion en proses des récits en vers et de l'expansion de la christianisation).

GUENIÈVRE

Guenièvre est la fille de **Léodagan** et l'épouse du roi **Arthur**. La forme galloise de son nom est Gwenhyvar. Guenièvre est aussi la maîtresse de **Lancelot**, ce qui provoquera la chute du royaume arthurien.

L'on sait peu de chose sur Guenièvre. Elle est surtout une figure symbolique : chez les Celtes, toute souveraineté est féminine. C'est en l'épousant qu'**Arthur** conquière une légitimité royale. Lorsque Guenièvre est enlevée par **Méléagant** pour l'emmener dans le royaume sans retour, cela met en péril le royaume. C'est **Lancelot** (son amant) qui viendra la libérer, et la remettre à **Arthur** (il semblerait que la fuite de **Lancelot** et Guenièvre ait lieu à ce moment-là).

Lorsqu'**Arthur** part en guerre contre l'empereur de Rome, Mordred s'empare du trône et fait de Guenièvre sa femme (légitimité royale). A la suite du combat entre Mordred et **Arthur** (et de la mort d'**Arthur**), Guenièvre se retire dans un couvent (principalement liée à la christianisation de la Bretagne car étant veuve, Guenièvre n'a plus de légitimité sur le trône n'ayant pas donné d'enfant à **Arthur**).

Hector des Mares

Hector est le fils de **Ban de Bénoïc** et de la fille d'**Agravadain** des Mares. Il est le demi-frère de **Lancelot** et mourra de vieillesse auprès de lui.

Hoël d'Armorique

Hoël est le roi d'Armorique. Il est le neveu d'**Arthur**. Il envoie 15 000 soldats à Arthur pour l'aider à repousser les Saxons. Lors de la trahison de Mordred, Arthur repasse par l'Armorique et délègue ses pouvoirs sur le continent à Hoël.

Kay

Kay est le fils d'**Anton**, frère de lait d'**Arthur. Arthur** en fait son sénéchal.

Dans la littérature galloise, Kay est l'exemple typique du héros celtique. Cependant, dans les versions plus récentes de la légende arthurienne, Kay est un personnage grossier, fanfaron et vantard mais qui reste fidèle à **Arthur**.

Lancelot du Lac

Lancelot est le fils de **Ban** et d'Elaine de Bénoïc. Il fut élevé par la **Dame du Lac** à **Avalon** qui devient sa mère spirituelle et adoptive. Ce n'est qu'en soulevant une pierre, qui deviendra son

 C'est pas faux, la mythologie dans Camelot

tombeau, qu'il découvre sa véritable identité. (Parfois, Lancelot passe pour avoir été enlevé par une fée qui l'enleva pour l'élever sous les eaux d'un lac, ce qui fait de lui un changeling).

Lancelot est le chevalier par excellence « preux, courtois et courageux », on le reconnait pour être le « meilleur chevalier du monde » . Il est celui qui parvient à libérer **Guenièvre**. Celle-ci fut enlevée par **Méléagant** et emmené au royaume de Gorre (un mythique Autre Monde). Ce n'est qu'après un triple combat contre **Méléagant** que Lancelot parvint à le tuer.

Il est le chevalier servant de la reine dont il est éperdument amoureux. C'est en passant une nuit avec Elaine, qu'il prit pour **Guenièvre** suite à l'absorption d'un filtre, que **Galaad** fut conçu. La romance de Lancelot avec **Guenièvre** provoquera l'effondrement et le déclin du royaume arthurien. Ayant été dénoncé par les fils de **Lot** à **Arthur**, celui-ci est contraint de déclarer la guerre à Lancelot qui retournera dans son royaume. Cependant, après le désastre de Salisbury, il revient en Bretagne pour renverser les fils de Mordred et se retire.

L'Aпкоυ / Aпкоυ

Ankou est le personnage de la mort. Traditionnellement, il s'agit de l'esprit de la dernière personne morte dans la communauté.

Il s'agit le plus souvent d'une femme mais peut parfois être un homme. Son allure est celle d'un être grand et décharné (parfois en squelette), vêtu d'une grande cape noire, porte sa faux emmanchée à l'envers et remplissant sa charrette (grinçante) des âmes des trépassés. Lorsqu'il s'arrête subitement à côté d'une porte, cela signifie la mort d'un des occupants. Il conduit les morts sur sa barque (*bag noz*) vers le Grand Océan de l'Ouest.

Ankou est l'ancêtre de la sinistre faucheuse médiévale.

Léodagan

Léodagan est le roi de Carmélide, père de **Guenièvre**. Il offre en dote la Table Ronde.

Lionel

Lionel est le fils de **Bohort de Gaule**, frère de **Bohort de Gaunes.** Son nom lui vient d'une tache de naissance sur la poitrine en forme lion (signe de royauté). Il est élevé avec **Lancelot** par la **Dame du Lac**. Peu après son adoubement, il tue un lion.
Lionel prend toujours fait et cause pour **Lancelot**, ce qui le conduit à se battre contre son frère. Lionel mourra sous les coups d'épée de Mélehan, fils aîné de Mordred.

Lot d'Orcanie

Lot est le roi d'Orcanie, frère du roi Urien.
Il devient l'allié d'**Arthur** lorsqu'il épouse sa sœur **Anna** (parfois appelée Morcadès). Il est le père de **Gauvain**, **Agravain**, Guerre-het, Gaheriet, Clarissant et Mordred. Cependant, il ne serait que le père putatif de **Gauvain** et Mordred.

Lothar

Dans la mythologie irlandaise, Lothar est un berger qui est tué par le taureau fabuleux (le brun de Cualnge) dont il avait la charge.

    C'est pas faux, la mythologie dans Camelot

Méléagan / Méléagant

Méléagant est le fils du roi Baudemagu de Gorre. Il se rend à la cour arthurienne lors des fête de l'Ascension (autour du 1ᵉʳ mai) et enlève **Guenièvre** et l'emporte dans son royaume. C'est **Lancelot** qui partira le combattre et réussira à le décapiter après trois duels.

Symboliquement, il s'agit de la représentation d'un vieux rite celtique où le souverain de l'été se bat contre celui de l'hiver (roi des morts) pour obtenir la Reine de l'Été.

Merlin

Merlin (ou Myrrdhin) est un personnage central dans la légende arthurienne bien qu'il apparaisse avant que celle-ci n'existe.

C'était une divinité ancienne de la mer (Myrrdhin signifiant « celui qui vit sous l'eau ») ou un vieux roi devenu fou et parti vivre dans la forêt.

Dans la légende arthurienne, Merlin est issu d'une vierge chrétienne et d'un incube (démon). Il est l'investigateur de la légende arthurienne. Il permet à **Uther Pendragon**, en le métamorphosant en **Gorlais** (duc de Cornouaille), le mari d'**Ygerne** de Tintagel, de passer une nuit avec elle, nuit où fut conçu **Arthur** (à la mort de **Gorlais**, **Ygerne** épouse **Uther**). Merlin devient le précepteur d'**Arthur** et est un de ces fidèles conseillés.

D'après la légende, Merlin aurait édifié le site de Stonehenge en hommage aux guerriers bretons morts contre l'envahisseur Saxons (en réalité, Stonehenge est bien plus ancien que la légende arthurienne). Merlin serait celui qui construisit la Table Ronde.

Il donne de nombreux conseils à **Arthur** et à ses chevaliers pour mener à bien leur quête.

Il enseigne à la fée **Viviane** (la Dame du Lac[1]) certaines de ses connaissances. Celle-ci, par amour, l'emprisonne dans la pierre d'où Merlin ne sortira jamais. Dans son tombeau, Merlin allume un feu qui ne s'éteindra qu'à la mort du roi **Arthur**.

Morgane la fée

Au même titre que **Merlin**, Morgane est un personnage important de la légende bien qu'elle semble antérieure à celle-ci.

Son nom (Morgane -> mori-gane) signifie « née de la mer », ce qui ferait d'elle une ancienne divinité de la mer ou, sous le nom de Morrigan (mor-rigain) une divinité irlandaise de la guerre.

Dans la légende arthurienne, Morgane est la souveraine d'**Avalon**. C'est une fée au grand pouvoir (parfois, elle peut être associée à la Dame du Lac, **Viviane**, élève et geôlière de **Merlin**).

Selon certaines légendes, elle serait aussi la demi-sœur d'**Arthur** et mère de Mordred (il semblerait que l'union d'**Arthur** et Morgane serait involontaire de leur part ; il y a très peu d'écrit nous relatant ce passage de la légende).

Elle possède des dons autant de guérisseuse que mortelle. Elle aide autant les chevaliers (en tant que bienfaitrice, elle fournit à Yvain un onguent pour le guérir de sa folie) qu'elle participe au déclin du royaume d'**Arthur** (c'est elle qui révèle à **Arthur** la relation adultérine de **Lancelot** et **Guenièvre** par jalousie amoureuse de **Lancelot**, celui-ci l'ayant rejetée en raison de ses sentiments pour **Guenièvre**).

Lorsqu'**Arthur** est mortellement blessé par Mordred, Morgane vient le chercher pour le conduire sur l'île d'**Avalon** en attendant qu'il puisse régner de nouveau sur la Bretagne.

Suite à la christianisation de l'île de Bretagne, Morgane devient l'ennemi d'**Arthur**, la femme fatale et tentatrice, élève du diable et diabolique elle-même.

---

1   *En tant que Dame du royaume d'**Avalon**, Morgane peut être assimilée à **Viviane**, ce qui ferait d'elle une détentrice des connaissances de **Merlin** et celle qui l'emprisonna dans la pierre.*

Perceval

Perceval est le fils du roi Pellinor. A la mort de son père, sa mère l'élève dans la forêt pour le protéger. Il part à la découverte du monde (probablement après avoir vu passer des chevaliers) et devient chevalier.

Lors de ses aventures, il trouve le **graal** mais il n'est pas « digne » de le recevoir (il rencontre un pêcheur qui l'invite dans son château où défilent les trois objets sacrés, à savoir le **graal**, le tailloir et la lance, mais Perceval ne pose pas de question, il ne peut donc pas guérir le Roi Pêcheur et obtenir le **graal**), ou bien il trouve le **graal** mais le perd sur le chemin du retour vers **Camelot**.

Perceval peut être associé au personnage mythique celte Finn.

Le nom de Perceval signifie « celui qui perce le secret du val », ce qui fait de lui l'être prédestiné à percer le mystère du val (ou du graal). Cependant, le nom de Perceval (non celte) se rapproche (tant étymologiquement que mythologiquement) à Percivelle (Sir Percyvell of Gales) en anglais et à Peredur en gallois.

En tant que troisième fils d'une fratrie de trois garçons, il est « prédestiné » à trouver les objets sacrés.

Uter Pendragon

Uter Pendragon est le troisième fils du roi Constant et a pour frère Moine et Pendragon. Il accolera le nom de son frère au sien lorsqu'il lui succède sur le trône du royaume de Logres après sa mort. (Étymologiquement, Uter Pendragon est un mélange de celte et de latin signifiant « la terreur à tête de dragon »).

C'est grâce à **Merlin** qu'Uter parvient à séduire **Ygerne** en prenant les traits de son mari **Gorlais**. C'est cette nuit-là qu'**Arthur** est conçu. A la mort de ce dernier, Uter épousera **Ygerne** et lui donnera une fille. Uter sera tué par les Saxons.

Viviane / Dame du Lac

La Dame du Lac, couramment appelée Viviane, est l'élève de **Merlin** et enchanteresse. Elle diffuse son savoir auprès de héros qu'elle élève dans son domaine, notamment **Lancelot** (du Lac) et ses cousins : **Bohort** et **Lionel**. Son domaine est soit aquatique soit au bord d'un lac.

Originalement, il existe plusieurs Dame du Lac / Viviane, qui finissent toutes par fusionner en une seule.

La première est la marraine de **Lancelot** et l'élève en son domaine, avec ses cousins, puis les envoie à la cour du roi **Arthur** pour qu'ils soient faits chevaliers.

La seconde[2] est l'élève de **Merlin**. **Merlin** lui enseigne tout son savoir et Viviane va l'utilise pour enfermer **Merlin** dans une tour (ou un cachot) car celui-ci ne lui rend pas son amour.

La troisième est la Dame du Lac qui donne **Escalibur** à **Arthur** et qui surgira des eaux pour la récupérée lorsqu'**Arthur** sera emmené par **Morgane** sur **Avalon**.

Ygerne

Ygerne est la mère d'**Arthur**. Son premier mari est **Gorlais** mais celui-ci meurt lorsqu'**Uter** prend sa place dans le lit d'Ygerne et conçoit **Arthur**. Son occupation principale est de filer et de tisser.

Elle passe pour avoir des origines féeriques. Ses cheveux lui tombent jusqu'à la taille sous forme de tresse (les fées ont besoin de leur cheveux pour émerger des plantes et prendre forme humaine), elle file et tisse comme les Parques et son nom de femme-oiseau (Ygerne, Ygraine, pour gigren qui signifie oie sauvage en ancien irlandais).

L'histoire de la femme-oiseau qui tisse de magnifique tapisserie est très répandu dans l'Eurasie).

---

2   *Il s'agit couramment de cette Dame du Lac qui est confondue avec Mongane.*

Yvain, chevalier au lion

Yvain est le fil du roi Urien et d'une lavandière de la nuit conçut lors de la nuit de Samain. Il naît donc le 1er aout. Il est accompagné d'un lion qu'il délivra d'un serpent. C'est un **chevalier de la Table Ronde**.

Il est celui qui parvient à vaincre le **chevalier noir** et s'unit avec la Dame de la Fontaine (la fée gardienne des eaux vainquant ainsi la sécheresse).

Mythologie gréco-romaine

Apollon • Cassandre • Chaos • Corne
d'abondance • Harpocrate • Junon • Parques
/ Moires • Mars • Minotaure • Pythie •
Regia • Vulcain

Apollon

Apollon est le fils de Zeus et Léto, frère jumeaux d'Artémis. Il naît sur l'île de Délos, qui lui fut consacré.

Dieu solaire, il est appelé Phébus-Apollon. Il est le dieu de la prophétie et de la divination, le dieu des arts, en particulier la musique, guérisseur, gardien des bergers et ami des loups.

Il est aussi bon archers qu'Artémis et donne la mort aux hommes à l'aide des douces flèches de la mort tandis que sa sœur la donne aux femmes.

Aidé d'Artémis, il venge sa mère de Niobé qui s'était vantée d'avoir une progéniture plus grande que Léto ; et transpercèrent le géant Tityos qui avait tenté de violenté Léto.

Il tue le serpent de Delphes, Python, fille de Gaïa qui rendait les oracles, après avoir été piégé par une nymphe. C'est ainsi qu'il dut se faire purifié pour avoir tué une grande oracle. Puis il installa son propre oracle à Delphes où il donna le nom de Pythie à sa propre prophétesse.

Dieu de la musique, il invente le luth. Son instrument préféré est la lyre qu'il reçut des mains de son demi-frère Hermès.

Il aide Héraclès et en retour, celui-ci propage son culte car ils ont tous deux été esclaves.

Apollon est un dieu aimé et protecteur de la ville de Troy, il donne des dons de divination aux enfants de Priam.

Cependant, il est malheureux en amour et ne parvient pas à séduire. Daphné préfère être transformée en laurier ; Marpessa choisit un mortel, Idas, à Apollon ; il accorde une faveur à la nymphe Sinopé si elle accepte de lui succomber, elle choisit de rester vierge pour toujours ; il offre mille ans à vivre à la Sibylle de Cumes qui se refuse à lui, il ne lui enlève donc pas le fait de vieillir ; lorsque **Cassandra** se refuse à lui, il l'a maudit pour que personne ne croit les prophéties qu'elle délivre.

Cassandre

Cassandre est la fille de Priam (roi de Troie) et de sa femme Hécube. C'est la plus jolie fille de Priam.

Lorsqu'**Apollon** la voit, il en tombe amoureux et la courtise, notamment en lui donnant le don de prophétie. Mais elle se refuse à lui et il la maudit en lui crachant dans la bouche : tout ce qu'elle dira sera vrai mais personne ne la croira.

Lorsqu'elle rencontre Pâris, elle sait tout le malheur qu'il provoquera en kidnappant Hélène, ce qui provoquera la guerre de Troie car c'est là qu'ils se réfugieront. Cassandre devine aussi le piège du cheval mais personne ne la croit.

Lors de la bataille de la prise de Troie, elle se réfugie dans le temple d'Athéna où Ajax l'attrape et la viole devant la statue d'Athéna qui détourne les yeux d'horreur. Pour ce sacrilège, la déesse fait périr de nombreux grecs sur le chemin du retour (dont Ajax). De plus, le peuple d'Ajax devra lui payer tribut pendant mille ans.

Cassandre fait partie de la prise de guerre d'Agamemnon. Elle lui annonce que tout deux mourront s'ils vont chez lui et il refuse de la croire. A leur arrivée à Mycènes, Cassandre est tuée par Clytemnestre (femme d'Agamemnon) pendant que lui est égorgé par l'amant de Clytemnestre.

- **Art**

Dans l'art (littérature notamment), le nom cassandre est attaché à / désigne des personnes ayant le don de prophétie.

Chaos

Chaos n'est pas personnifié, il s'agit du vide béant dont sont sortie la Terre (Gaïa), le Tartare et la Nuit (Nyx).

De l'union du Chaos et de la Nuit naissent les Ténèbres (Érèbe).

L'Amour (Eros) passe parfois pour le fils de Chaos bien que généralement identifié comme le fils d'Aphrodite.

Corne d'abondance

Amalthée était la nymphe qui nourrissait Zeus. Elle possédait un chèvre. Un jour, la chèvre cassa une de ses cornes. Les nymphes la remplirent de fruits pour nourrir Zeus. Lorsque celui-ci fut en âge de partir, il rendit la corne aux nymphes. Depuis, la corne se remplit de tout ce que son propriétaire désire et porte le nom de corne d'abondance.

Harpocrate

Harpocrate est la transcription grecque du nom du dieu égyptien Hor-pa-khered, « Horus l'enfant », conçu par la déesse Isis après la mort d'Osiris.

De nombreuses statuettes le représentent comme un enfant, nu, portant un doigt à sa bouche.

- **Mythologie d'Horus l'enfant :**

Horus a besoin de sa mère pour grandir et vivre. Un jour qu'il se fait piquer par un scorpion, Isis le soigne grâce à la magie.

Il peut être représenté comme vainqueur des animaux venimeux, debout sur un crocodile sur les stèles des guérisseuses (alors associé au dieu Shed).

Héritier d'Osiris, il incarne la permanence de la fonction monarchique. L'image d'Isis l'allaitant assis sur ses genoux deviendra l'iconographie de la Vierge à l'Enfant.

Junon

Héra est associée à Junon chez les Romains.

Fille de Cronos et Rhéa, elle est avalée à la naissance par son père avec ses frères et sœurs (Hadès, Poséidon, Déméter, Hestia), à l'exception de Zeus qui est échangé contre une pierre. À l'âge adulte, Zeus oblige Cronos à recracher ses enfants ; ceux-ci se battent contre lui pour obtenir le pouvoir. Héra devient la femme de Zeus (elle est la déesse des déesses) et lui donne plusieurs enfants (Arès, Ilithyie et Hébé) et conçoit Héphaïstos toute seule. À son tour, Zeus fait naître Athéna de sa tête. De jalousie, Héra enfante Thyphon et en fait le pire ennemi de Zeus.

Héra est la patronne du mariage et de la fidélité ; elle châtie les infidèles, en commençant par les conquêtes de son mari et ses enfants. Plusieurs hommes tentèrent de la conquérir (violer) et chacun fut châtiés (par Zeus ou Artémis).

Parques / Moires

Les Moires chez les Grecs sont les Parques (ou Fata) chez les Romains. Ce sont les filles de Zeus et de Thémis, bien qu'elles passent parfois pour les filles de Nyx.

Les Moires sont les déesses du destin. L'une file le fil de la vie, il s'agit de Clotho. La seconde mesure le fil alloué à chaque être, il s'agit de Lachésis. Le rôle d'Atropos (la troisième) est de couper le fil.

Le rôle des Moires n'est pas tant de déterminer que de surveiller le déroulement du destin. Leurs décisions sont irrévocables et même les dieux s'y soumettent. Elles ne jouent pas un grand rôle dans la mythologie dans la mesure où l'on ne peut les contrer.

Cependant, Apollon les fit boire afin de permettre à son ami Admète de bénéficier d'une longueur de vie supérieure à celle qui lui était destiné. Mais Admète devait trouver quelqu'un pour prendre sa place aux enfers.

Bien qu'ayant un rôle plus centré sur la fin de la vie des hommes, elles apparaissent lors de la naissance de Méléagre. Elles apprirent à sa mère (Althée) que la vie de Méléagre se terminerait lorsque le tison (qui se trouvait dans la cheminée) aurait entièrement brûlé. Althée se dépêcha de ramasser le tison, l'éteignit et le cacha. Lorsqu'elle apprit que Méléagre avait tué ses oncles, Althée reprit le tison et le jeta au feu.

- **LANGUE :**

Il semblerait que le terme de fée provienne de Fata.

Mars / Arès

Dieu de la guerre romaine, Mars est associé à Arès chez les Grecs. C'est le seul fils légitime de Zeus et Héra. Il figure parmi les douze Olympiens.

Arès n'a pas d'épouse mais de nombreuses maîtresses. L'une d'elles est Aphrodite. Aphrodite (la femme d'Héphaïstos) donna trois enfants à Arès : Harmonie ainsi que les jumeaux Phobos (la Crainte) et Deimos (la Terreur). Hélios (le Soleil), qui espionnait Arès et Aphrodite, informa Héphaïstos de ce qu'ils faisaient. Héphaïstos créa un filet dans sa forge qu'il suspendit au-dessus de son lit et dit à Aphrodite qu'il partait en voyage. Lorsque les deux amants se retrouvèrent dans le lit, **Héphaïstos** fit tomber le filet dont ni Arès ni Aphrodite ne parvint à s'extirper. **Héphaïstos** appela les autres dieux et se moquèrent d'eux (les déesses ne désirant pas assister à cette humiliation).

Arès est un dieu de la guerre belliqueux, son ennemi (notamment sur les champs de bataille) est Athéna (déesse de la stratégie et du vrai courage au combat) qui l'emporte sur lui.

- **LANGUE :**

Dans le domaine militaire, de nombreux termes proviennent de Mars :

• Champs de Mars : terrains réservés aux exercices militaires

• Travaux, jeux de mars : la guerre
• Le métier de Mars : le métier des armes
• Les plaines de Mars : les champs de batailles.
L'adjectif « martial » est un dérivé de Mars :
• Une allure martiale : une attitude décidée, voire guerrière
• La cour martiale : tribunal militaire
• La loi martiale : loi militaire appliquée aux civiles (lorsque l'armée prend le contrôle d'un pays notamment).

Minotaure

Le minotaure est un « monstre » ayant un corps d'homme orné d'une tête de taureau. Il s'agit du fils de Pasiphéa (épouse de Minos) et d'un taureau. C'est Aphrodite qui permit à Pasiphéa d'assouvir sa passion pour le taureau, contre l'avis de son mari.
Minos demanda à Dédale de construire un labyrinthe d'où personne ne pouvait sortir et y cacha le minotaure. Des jeunes gens lui était envoyé en sacrifice pour le nourrir.
Thésée parvint à tuer le minotaure et réussit à sortir du labyrinthe grâce au fils qu'Ariane lui avait donné et qui lui permis de revenir sur ses pas.

Pythie

La Pythie est le nom de la grande prophétesse d'**Apollon**.
Elle officie à Delphes. L'oracle de Delphe peut désigner à la fois le culte comme la Pythie. Sa renommée était telle que les princes et puissants venaient lui demander conseils. Les prêtres, qui interprétaient ses paroles, influençaient donc la politique du monde.

Regia

La Regia signifia « la maison du roi ». il s'agit du bâtiment à Rome où était conservé la lance sacré ainsi que le bouclier de **Mars**. Tant que ces attributs demeuraient à Rome, Mars la protégerait.

Vulcain

Vulcain chez les Romains et Héphaïstos chez les Grecs, est le dieu du feu (de la forge) et protecteur des forgerons.

Héphaïstos est le fils d'Héra qu'elle a engendré seule suite à une infidélité de Zeus, son mari. A sa naissance, Héra le jete du haut de l'Olympe par honte d'avoir engendré un être aussi laid. Il tombe dans l'océan et c'est la Titanide Thétis qui le recueille et l'élève dans une grotte où il apprend l'art du feu et de la forge.

Héphaïstos a pour femme Aphrodite (déesse de l'Amour et la plus belle des déesses) qui ne cesse de lui faire des infidélités, en particulier avec **Arès** (dieu de la guerre).

Un jour, Héra se dispute avec Zeus et Héphaïstos prend le parti de sa mère. De colère, Zeus le jette de l'Olympe et il atterrit sur l'île de Lemnos. C'est pour cela que les habitants de cette île sont les meilleurs forgerons de la Grèce. Pour les Grecs, la forge d'Héphaïstos se situe à Lemnos ; pour les Romains, elle se situe en Sicile, sous l'Etna.

Équivalence des noms Grecques et Romains cités dans cet ouvrage :

Grecque	→	Romain
Artémis	→	Diane
Aphrodite	→	Vénus
Apollon	→	Phébus
Arès	→	Mars
Athéna	→	Minerve
Cronos	→	Saturne
Déméter	→	Cérès
Dionysos	→	Bacchus
Éros	→	Cupidon
Hécate	→	Trivias
Hadès	→	Pluton
Hébé	→	Juventas
Héphaïstos	→	Vulcain
Héra	→	Junon
Héraclès	→	Hercule
Hermès	→	Mercure
Hestia	→	Vesta
Moires	→	Parques
Nox	→	Nyx
Ouranos	→	Uranus
Pan	→	Faunus
Perséphone	→	Persépine
Poséidon	→	Neptune
Satyre	→	Faune
Zeus	→	Jupiter

Mythologie judéo-chrétienne

Agnus Dei • Amen • Ange • Arche d'Alliance • Bethléem • Confession • Diable • Dies Irea • Évangéliste Jésus • Joseph d'Arimathie • St Graal • St Jean • St Nicolas

Agnus Dei

Agnus Dei est l'expression latine pour agneau de Dieu et désigne le **Christ**.
Dans l'expression le *sang de l'agneau*, l'agneau représente l'innocence et la pureté dont le sang est versé à la place des coupables.

Amen

Amen est un mot hébreux possédant de multiple sens : affirmatif, conclusion, acclamation, souhait… **Jésus** emploie souvent l'expression *Amen, dico vobis*, « en vérité, je vous le dis ».

Ange

Ange, du latin (*angelus*) et du grec (*angelos*) signifie messager.
Les anges sont les intermédiaires, munis d'ailes, entre Dieu et les hommes. L'ange est un être spirituel, souvent guide et garde mais aussi chargé d'appliqué la justice divine (ange exterminateur par exemple). Les anges incarnent la pureté, la beauté et la sérénité.
Ils peuvent être représentés vêtus d'une armure ou d'une longue robe blanche. Il existe différente sorte d'ange :
• Les séraphins : ange possédant six ailes, chargés des purifications et extermination par le feu, représentant la Lumière,
• Les chérubins : représentés par des lions ailés à tête humaine,
• Les angelots : représentés comme des enfants potelés munis d'ailes,
• Les archanges : au sommet de la hiérarchie angélique, ils sont au nombre de sept : Michel, Gabriel, Anaël, Raphaël, Samaël, Cassiel et Sachiel.

Arche d'Alliance

L'arche d'alliance est le réceptacle dans lequel le peuple d'Israël commémore l'alliance passée avec Dieu. Il contient le décalogue, des documents officiels ainsi qu'un peu de la manne ayant nourri le peuple dans le désert.
L'arche aurait disparu lors de la destruction du temple de Salomon. Venant à la suite du déluge, l'arche symbolise aussi la fin d'un temps et le début d'un autre : ce qui a été conservé de l'ancien cycle pour servir de base au nouveau

Bethléem

Bethléem est une ville de Judée située à 7 km de Jérusalem. C'est la ville dont est originaire la dynastie de David et ville de naissance du **Christ**.

Confession

La confession est l'aveu des fautes, la déclaration de ses péchés à un prêtre afin d'obtenir l'absolution. Il s'agit d'un sacrement qui ne peut être reçue que dans le secret du confessionnal de l'église.

Clovs de la Ste Croix

Il s'agit des clous qui ont servit à crucifier le **Christ** sur la Croix. La tradition chrétienne les porte au nombre de trois.

Diable / Satan

Le diable est le nom générique donné à l'incarnation des forces du mal ; il s'agit de Satan, l'ange déchu, le mauvais génie, le malin et chef des démons. Le diable est l'ennemi des fidèles qu'il ne cesse de tenter par ses ruses. Il s'agit aussi de l'ennemi de l'humanité qu'il faut combattre à tout prix.
Satan / Belzébuth est représenté avec des ailles (ange déchu), possédant une ceinture de feu et un trident.

Dies Irea

Dies = jour en latin,
Irae = colère, fureur en latin.
Dies Irae : jour de colère.
Le *Dies Irea*, ou Prose des Morts est un chant d'une séquence médiévale chantée. Il fait partie des chants grégoriens.

Évangéliste

Les évangélistes sont ceux qui rédigèrent un évangile. Un évangile signifie bonne nouvelle (du grec *euaggelion*) et les quatre retenues par l'Église sont celles de Matthieu, Marc, Luc et Jean.
Les évangiles nous relatent la vie du **Christ**, son enseignement et sa doctrine.

Jésus / Jésus-Christ

Il est le fils de Dieu, née de la Vierge Marie par l'immaculée conception. Il est née vers l'an 748 de Rome à **Bethléem** et mort en l'an 28 (ou 29) à l'âge de trente-trois ans à Jérusalem.

Sa vie est connue grâce aux Évangiles, qui racontent les conditions de sa naissance, la préparation de son ministère ainsi que son martyr et sa résurrection trois jours après sa mort. Après avoir été baptisé par Jean-Baptiste, Jésus débute sa mission en enseignant à ses douze disciples (apôtres) ses préceptes pour qu'ils puissent les dispenser à travers le monde. Il est l'auteur de nombreux miracles et guérisons, faisant de lui un héros pour les faibles et l'homme à abattre pour les dirigeants ; ce qui est l'origine de son martyr. Pour les musulmans, Jésus est un prophète, au même titre que Mahomet, dont la seule vraie parole de Dieu (Allah) est le Coran.

Joseph d'Arimathie

Joseph d'Arimathie est un contemporain et disciple de **Jésus-Christ**. Il est celui qui offrit son propre tombeau pour le **Christ** ait une dernière demeure.

Dans la légende chrétienne du roi **Arthur**, il est jeté dans un cachot par les juifs. Le **Christ** ressuscité lui apparait et lui remet le **St Graal**. Libéré de sa prison, Joseph d'Arimathie quitte son pays avec des compagnons, dont son demi-frère Bron. Ils s'établissent à Glastonbury où ils fondent une communauté et se réunissent tous les jours autour d'une table en l'honneur du **St Graal**.

Satanique

Les sataniques sont les adeptes pratiquant le culte de **Satan**.

St Graal

Le Saint Graal est la coupe ayant recueilli le sang du **Christ** lorsqu'il était sur la croix. Cette coupe serait celle dans laquelle il but lors de son dernier repas (la Cène). La légende veut que **Joseph d'Arimathie** l'ait apporté en Angleterre et qu'il cacha la coupe sur une colline qui deviendra par la suite Glastonbury.
Il s'agit d'une relique sacré et très importante pour l'Église catholique. Lors de la christianisation de la Grande-Bretagne, le Saint Graal fut assimilé au **Graal** des celtes et sa quête devient l'aventure principale d'**Arthur** et des **Chevaliers de la Table Ronde**.

St Jean / Solstice d'été

Le Jean fêté au solstice d'été est St Jean-Baptiste. Cousin de la Vierge Marie, il est celui qui baptise le **Christ** dans le Jourdan.
Il est souvent représenté portant un agneau en annonçant : *Voici l'Agneau de Dieu qui sauve le péché du monde.* Sa mort est elle aussi très représenté. Lorsque Salomé dansa pour le roi d'Hérode, elle demanda en récompense la tête de Jean sur un plateau.
Le **solstice** d'été est le jour le plus long de l'année. Le **solstice** d'hiver fête le jour le plus cours de l'année. L'équinoxe fête le parfait équilibre entre le jour et la nuit. Il est fêté au printemps et en automne.

St Nicolas

St Nicolas est un évêque d'Asie Mineur (Myra en Lycie). Il est le saint patron des écoliers et le protecteur de la Lorraine (France) et de la Russie. Son culte est très répandu (et vivace) en Grèce, en Italie ainsi que le Nord et le Centre de l'Europe.

C'est un faiseur de miracle et le plus connus est relatif à des écoliers. Un jour, trois écoliers se promènent et se perdent. A la nuit tombe, il demande refuge chez un boucher. Le boucher leur ouvre sa porte et lorsqu'ils sont chez lui, le boucher se jette sur eux et les tue. Il les découpe en morceau et les met dans le saloir. Sept années passent. Un jour, St Nicolas se présente à la porte du boucher et demande manger le petit salé qui est au saloir. Pris de peur, le boucher s'enfuit. St Nicolas va dans le saloir et ressuscite les trois enfants.

St Suaire

Le St Suaire est le linceul qui servit à ensevelir **Jésus**. Une tradition tardive en fait le linge d'une femme, Véronique, qui essuyât le visage du **Christ** lors de son chemin du Calvaire.

Plusieurs linceul se revendique comme celui du **Christ**. Le plus célèbre, est celui de Turin qui porte en négatif la double emprunte (dos et face), d'un homme barbu nu, les cheveux longs et les yeux clos. Considéré comme autentique par la coyance populaire mais non par l'Église, il a été daté du XIIIème siècle à la suite d'analyse scientifique en 1988.

Dans l'Antiquité, le suaire est une espèce de voile dont on couvrait la tête et le visage des morts.

Mythologie scandinave

Corbeau d'Odin • Odin • Thor • Valhalla

Corbeaux d'Odin

Hugin (connaissance) et Munir (mémoire) sont les Corbeaux d'**Odin**. Ils parcourent le monde et lui rapportent tout ce qu'ils y voient.

Odin

Dieu majeur du panthéon scandinave, il est associé à la création. Avec Vili et Vé (ses frères), il crée, à partir du corps de la géante Ymir (qu'ils ont tué) le ciel, la terre, la mer, les montagnes, les fleuves et tout ce qui existe sur terre (arbres, pierres, lacs). A partir de cela, Odin et les dieux organisent le monde.

Odin est le père des dieux (des Ases plus particulièrement) et le père des Hommes (sous la forme d'Alfadr). Il possède une grande salle dans Asgard d'où il voit tout lorsqu'il est assis sur son trône (Hlidshialf).

Il est le Très Haut, le détenteur des connaissances, de l'art des runes et de la poésie. Il est Rafnagud, le dieu des corbeaux, à cause de ces corbeaux Hugin (connaissance) et Munir (mémoire) qui parcourent le monde et lui rapportent ce qu'ils y voient. Lorsque les Vanes tuèrent Mimir (qui possède la connaissance du passé), il conserve sa tête qu'il entoure d'herbes magiques pour pouvoir la consulter.

La moitié des hommes morts aux combats lui reviennent (tandis que l'autre moitié revient à Freya) et sont menés à **Valhalla** par les Valkyries où ils combattent et mangent le sanglier magique (Sahmrimnr) qui se reconstruit chaque matin. Sleipnir, son cheval à huit pattes, est né de Loki sous sa forme de jument lorsque celui-ci éloigna le cheval du maître géant bâtisseur d'Asgard (Svadilfoeri). C'est le meilleur et le plus rapide des chevaux, il peut voyager n'importe où, y compris à Helheim (la demeure Hel, déesse des enfers, lieu que personne ne peut quitter car entourée du Gjoll, fleuve infranchissable).

Odin porte l'anneau magique Draupnir (forgé par le nain Eitri, qui laisse tombé toutes les neuf nuits huit anneaux d'or) et la lance Gungnir (lance que Loki offrit à Odin, celle-ci ne peut être ni arrêtée, ni retenue lorsqu'elle est lancée pour frapper un ennemi). Lorsque la lance était lancée sur un champ de bataille, les guerriers allaient bientôt rejoindre Odin (**Valhalla**).

Thor

Thor est le premier fils d'**Odin** et de Iord (la terre), c'est le dieu de la force et un puissant guerrier ; c'est aussi un dieu de l'orage. Personne ne peut énumérer tous ses exploits car personne n'est suffisamment instruit. Thor possède un char tiré par deux boucs : Tanngniost et Tanngrisnir ; il est de ce fait Aka-Thor (Thor conducteur de char), le conducteur du monde et des hommes. Thor possède trois objets magiques : La ceinture de force de Megingiord, qui lui donne sa force d'Ases (force divine) Les gants de fer, qui lui servent à manier son marteau (sans eux, il ne peut utiliser son marteau) Le marteau Miollnir (Foudre Etincelante), qui provoque la foudre et le tonnerre (lumière), il est utilisé pour chasser les géants et l'obscurité. Il revient toujours à celui qui l'a lancé.

Thor est tellement puissant que le géant Utgardaloki doit utiliser des illusions pour lui faire croire qu'il est plus faible que les géants. Le marteau de Thor est si puissant que lorsque Loki le récupère après que le géant Thrym lui ait volé, il détruit Thrym ainsi que toute sa maisonnée.

Au Crépuscule des Puissants (Ragnarok), Thor sera englouti par le serpent de Midgard.

Valhalla

Il s'agit du palais d'**Odin** dont les poutres sont faites de lances et les tuiles de boucliers. La moitié des morts sur un champ de combat est emportée par les Valkyries et amenée à Valhalla (l'autre moitié revient à Freyia). Ces guerriers s'entraînent chaque jour au combat (pour se préparer au crépuscule des puissants), mangent la chair du sanglier Saehrimnir qui se reconstitue chaque jour, boivent l'hydromel du pis de la chèvre Heidrun.

Autres mythologies

Alchimiste • Cercle de culture • Démon • Enfers

Alchimiste

L'alchimiste est celui qui est initié à l'art de la transmutation de la matière. Le but initial, pour l'alchimiste, est d'arriver à évoluer sans le recours de Dieu. Par la suite, la quête de l'alchimiste est d'arriver à fabriquer la pierre philosophale, qui transforme le plomb en or et produit l'élixir de longue vie.
L'art de l'alchimie doit se pratiquer cacher (sous peine de subir les représailles des religions, monothéistes principalement). L'alchimie est un art ésotérique.

Cercle de culture

Les cercles de culture, ou *crop circle* en anglais (le nom est entré dans le langage populaire) sont des figures géométriques qui apparaissent en une nuit dans les champs de céréale. Le terme savant est agroglyphe.
D'abord de forme circulaire simple, ces agroglyphes sont devenus de plus en plus complexes au fil des ans. Certains pensent qu'il s'agit de la preuve que des extraterrestres sont venus nous visiter. Pour d'autre, ce sont des blagues d'étudiants en mathématique. Les fanatiques des théories du complot pensent que ce sont les résultats d'expérimentation militaire. On décompte en moyenne entre deux cents et trois cents agroglyphes chaque été.

Démons

Du grec *daimôn*, qui signifie « génie, divinité ». Puissance terrestre ou céleste, il s'agit d'une entité que l'on rencontre dans toutes les mythologies antiques ainsi que dans les religions contemporaines. Par sa force naturelle, le démon est souvent considéré comme dangereux mais il est positif lorsqu'on le maîtrise, le dompte ou l'apprivoise, tel que le Géant vert des traditions celtiques.

Dans l'animisme, le démon est souvent l'esprit ou l'énergie d'un fleuve, d'un arbre, d'un volcan ou d'un phénomène incompréhensible ou non maîtrisable.

Pour la Bible, et notamment le Nouveau Testament, les démons sont les agents du mal, maladies et souffrances. C'est pourquoi chasser les démons correspond à guérir et apaiser le malheur des hommes. Seule la prière et le pouvoir du Seigneur peuvent triompher de ces entités négatives au service de Satan.

Enfer

- **Mythologies monothéiste**

Il s'agit du lieu où l'âme des défunts impurs et infidèles subissent les tourments comme châtiment de leurs mauvaises actions sur Terre.

Pour la religion chrétienne, seules les âmes damnés finissent en enfer, les saints finissent directement au paradis et les pêcheurs doivent accomplir leur peine au purgatoire avant de pouvoir accéder au paradis.

L'Enfer est le domaine de **Satan**, la symbolique du feu y est presque toujours rattachée.

- **Mythologie grecque**

Il s'agit du royaume des morts et Hadès en est le gardien. Tous les morts y finissent. Charon guide les morts sur le Styx pour accéder aux Enfers qui est gardé par Cerbère (qui empêche les morts de sortir). Trois juges (Minos, Éaque et Rhadamanthe) définissent dans quel lieu le défunt terminera son séjour. Les enfers comportent plusieurs lieux.

Les défunts vont dans celui qui correspond à la vie qu'ils ont menée sur Terre :

- Le Tartare (où finissent les mauvais qui y subissent leur châtiment éternel) ;
- Les champs d'asphodèles (où finissent la plupart des morts qui réalisent de façon mécanique les tâches qu'ils effectuaient de leur vivant) ;
- Les Champs Élysée (lieu de délice où finissent les âmes méritantes).

- **M**YTHOLOGIE SCANDINAVE

Il n'y a pas d'enfer à proprement parlé en mythologie scandinave. Les âmes des morts finissent dans différents lieux en fonction de leur vie. Les hommes morts de vieillesse ou de maladie finissent dans le royaume de Hel[3] ; les combattants tombés au combat finissent, pour moitié, dans la **Valhalla** d'**Odin**, l'autre moitié va dans la demeure de Freyia

- **M**YTHOLOGIE CELTIQUE

Il n'y a pas d'enfer en mythologie celtique. Les héros partent pour l'Autre monde où règne la paix et l'abondance (à l'instar d'**Arthur**) tandis que le reste des mortels est emmené par l'**Ankou**[4] (personnage de la mort, squelette portant sa faux et remplissant sa charrette grinçante des âmes des trépassés) sur le Grand Océan vers l'ouest du soleil couchant.

- **M**YTHOLOGIE ÉGYPTIENNE

Il n'y a pas de châtiments d'outre-tombe mais les justes bénéficient d'une vie éternelle semblable à celle qu'ils ont vécue sur terre tandis que les méchants sont voués au néant.

- **M**YTHOLOGIE MÉSOPOTAMIENNE

On y trouve dans les profondeurs de la terre un Kigallou, envi-

---

3   *Le nom de Hel a donné Hell, à savoir enfer en anglais.*
4   *La **faucheuse** (ou camarde) est une descendante directe de l'Ankou.*

ronné d'une septuple enceinte. Les morts sont plongés dans une obscurité épaisse et n'ont pour nourriture que les offrandes des vivants déposées dans les tombeaux.

Le défunt devient une sorte d'esprit ou de fantôme. L'esprit-fantôme, surtout après une mort violente, prend quelque fois un aspect malveillant et tourmente les vivants.

Seuls les nouveau-nés et ceux qui sont morts avant leur temps jouissent d'une existante agréable dans l'au-delà. Les morts sans sépulture ont une existante post-mortem des plus accablantes.

Créatures fantastiques

Dragon • Elfe • Fée • Gobelin • Hydre • Licorne • Monstre • Mort-vivant • Ogre • Pierre philosophale • Poltergeist • Serpent géant du Lac de l'Ombre • Sorcière • Spectre • Squaven • Troll • Vampire

Dragon

Le dragon est une créature légendaire présente dans de nombreuses régions du monde. Il est représenté comme un grand serpent ailé et a la particularité de cracher du feu.

En Europe, le dragon est présent dans la légende arthurienne mais aussi dans l'histoire des Saints où il représente le diable à combattre et vaincre. Le dragon est très présent dans la tradition galloise dont le dragon rouge est l'emblème.

Le dragon est présent dans de nombreuses légendes françaises. Le dragon de Niort ravageait la région lorsqu'un soldat parvient à le tuer en lui enfonçant son poignard dans la gorge mais fut tué par la morsure du monstre. Pour Chateaubriand, les insectes que l'on peut observer au microscope sont des dragons qui ont diminué de taille à mesure que les ressources diminuaient en énergie. A Cracovie (Pologne), un dragon vivait dans une grotte sous le château qui surplombait la Vistule. Chaque jour, il sortait et ravageait la campagne afin de dévorer les hommes. Le prince eut l'idée de fourrer un agneau avec du soufre et de l'offrir en sacrifie au dragon. Le dragon sortie de sa grotte et dévora l'agneau. Mais le soufre, se mélangeant avec le feu de sa gorge, donna tellement soif au dragon qu'il but toute la rivière sans jamais apaiser sa soif. Il but tellement qu'il explosa. (on raconte parfois que le roi offrit sa fille en mariage à celui qui parviendrait à tuer le dragon et qu'un jeune cordonnier mis en place ce stratagème et qu'il épousa la princesse).

En Orient, il faut manger le cœur ou le foie d'un dragon pour devenir sorcier ou devin.

Le dragon est une créature divine pour les Chinois. Le dragon est le gardien de tous les biens de la terre et vit au sommet de la montagne. Il dispense à son gré la pluie et le tonnerre. Les Chinois regardent le dragon comme le principe de leur bonheur.

En tant qu'espèce disparue, il est fort possible que le dragon représente les dinosaures.

Elfe

Les elfes sont les génies scandinaves. Ils ont un aspect humain et des appellations différentes en fonction de leur apparence. Les elfes de la lumière (elf) sont très beaux et vivent Alf-Heim, le palais du ciel. Les elfes noirs (swart elf) sont laids et vivent dans les entrailles de la terre. Certains associent les elfes noirs aux nains. Obéron, le roi des elfes, vit sur une île au nord de la Baltique. Il gouverne les îles de son royaume et se déplace avec un char attelé de quatre étalons noirs. Le roi a une grande armée à ses ordres dont les soldats revêtent leur armure la nuit et se déplacent librement. Le jour, ce sont les grands chênes qui parsèment l'île.
Dans le folklore britannique, les elfes sont des créatures fantastiques pourvues d'ailes.

Fée

- **Mythologie gréco-romaine**
L'origine du mot fée vient du latin fata / fatum, le Destin, la Fatalité. A l'origine, les fées sont les trois Moires (Parques pour les Romains) qui veillaient au déroulement de la vie des hommes : Clotho file, Lachésis dispense et Atropos tranche le fil de la vie.

- **Mythologie française**
La fée est une créature féminine dotée de pouvoir surnaturelle. Ce sont les anciennes divinités de la nature. Elles peuvent être des messagères divines. Les fées ont plusieurs appellations en fonction de leurs origines géographiques : Fada (Provence), Fade (Gascogne), Fadet, Farfadet et Fée (la plus part des régions françaises). Les fées sont tantôt bonnes, tantôt mauvaises, comme les génies.

- **Mythologie celtique et arthurienne**
Les fées irlandaises sont les Banshees et ont aussi le rôle de mes-

sagère. Les fées vivent dans des sids, pouvant prendre la forme d'un tertre, d'une colline ou d'un mégalithe. Elles font office d'agent de liaison dans la plus part des mythes où elles apparaissent.

- **UNIVERS FANTASTIQUE**

A chaque fois que quelqu'un affirme ne pas croire aux fées, cela provoque la mort d'une fée dans le monde (Peter Pan). La fée est présente dans l'univers fantastique, souvent sous sa forme bénéfique (elle portera le nom de sorcière sous sa forme maléfique).

GOBELIN

Dans la mythologie celtique, les goblins sont des êtres grotesques et malveillants. Ils sont issus de kobolt allemand et du gobelin français.

En France, le gobelin est une créature familière qui vit dans les espaces reculés des maisons. On les nourrit bien car ils rapportent le grain volé aux autres granges. On raconte que la manufacture des gobelins à Paris tient son nom de ces êtres qui ont enseigné l'art des riches couleurs. En Normandie, le gobelin est un bon génie des campagnes que l'on ne doit pas offenser.

Lorsqu'un gobelin est irrité, il entre dans la maison d'un paysan et échange le nourrisson contre celui d'un roi.

HYDRE

L'hydre est une créature fantastique apparentée aux dragons. Sa particularité est d'avoir plusieurs têtes et lorsqu'on en coupe une, il en pousse deux à la place. Ce n'est qu'en cautérisant les plaies que les têtes cessent de pousser. C'est ce que fit Hercule pour vaincre l'hydre de Lerne pour l'un de ces travaux.

Licorne

La licorne est un animal fantastique, ayant un corps et une tête de cheval (parfois une tête de biche) avec une corne unique au milieu du front. La licorne est d'origine indienne mais son image a été rapidement adoptée dans l'univers gréco-romain. Ce n'est que sous l'air judéo-chrétien que la licorne acquière le symbole de pureté et de chasteté. On dit que pour attraper une licorne, il faut qu'une jeune fille soit seule dans les bois et la licorne viendra se coucher à ses pieds. Si la jeune fille est parfaitement pure, la licorne s'endormira sur ses genoux. Cependant, si la jeune fille cache quelques secrets, elle se fera embrocher par la corne de la licorne qui ne supporte pas la tromperie.

En tant qu'animal fabuleux, la licorne est un animal de grand pouvoir et de pureté. Elle ne peut pas être gardée en captivité car elle meut de désespoir très rapidement. On dit que sa corne possède de puissantes vertus magiques. Elle permet de se protéger des enchantements et est un puissant détecetur et antidote des poisons.

Le terme de licorne (français) vient du grec *monocéros*, ayant donné *unicornis* en latin.

Monstre

Le monstre est une créature qui n'est pas humaine et qui ne cherche qu'à faire le mal.

Dans la culture populaire, il n'y a que les créatures bénéfiques (généralement les bonnes fées) qui ne sont pas des monstres.

Mort-vivant

Les morts-vivants sont des morts qui ont été « ramené » à la vie. Ils ne sont plus que l'ombre d'eux-mêmes, sans personnalité et ne cherchent qu'à se nourrir. Leur nourriture préférée est le cerveau des humains vivants.

Langue : un mort-vivant est une personne marquée par les épreuves physiques ou morales au point d'avoir l'apparence d'un mort.

▪ Zombie

Les zombies sont des morts-vivants, à savoir des morts qui sont « revenus » à la vie. Un sorcier (traditionnellement vaudou) ou un nécromancien anime le cadavre du mort par un sort. Le mort devient ainsi vivant au sens où il peut réaliser des actions mais reste mort car sans conscience. Le zombie est l'esclave du sorcier qui l'a animé.

Ogre

L'ogre est un être proche du géant. Il vit généralement dans la forêt (lieu de tous les dangers) et représente une menace, surtout pour les enfants qu'il aime dévorer.

Pierre philosophale

La pierre philosophale est la fontaine de jouvence des alchimistes. Cette pierre légendaire est capable de transmuter la matière. Elle transforme le plomb en or et permet à l'homme de vivre en dehors des contraintes physique soit en prodiguant l'élixir de longue vie, soit en permettant à l'homme de s'élever vers un autre niveau de conscience.

Poltergeist

Un *poltergeist* est un esprit frappeur, originaire d'Allemagne, il est caractérisé par sa capacité à faire du bruit, exprimer sa présence en déplaçant des objets.

Serpent géant du Lac de l'Ombre / Monstre du Loch Ness

Le Loch Ness est un lac d'Écosse dont les eaux sont très troubles. Il mesure 35 kilomètres de long pour plus de 300 mètres de profondeur. De nombreux témoignages nous racontent les brèves visions de cette créature. Le monstre du Loch Ness (baptisé Nessie) n'a jamais été vu en entier. Tout ce que l'on voit de lui est son dos qui effleure la surface du lac. Certains ont vu sa tête émergée de l'eau au bout d'un long cou. Bien que la plupart des témoignages datent du XIXème siècle, les premiers témoignages datent du XVIème siècle.

Sorcière

- **Créature fantastique**

Les sorcières sont des femmes pratiquant la magie, fabriquant des potions dans des chaudrons, lançant des sorts (parfois à l'aide d'une baquette magique). Il arrive parfois qu'elles se déplacent sur des balais volants et peuvent aussi métamorphoser les êtres ou bien elles-mêmes. Elles sont souvent craintes mais toujours respectées. Elles peuvent aussi bien être bénéfique (pratiquant la magie blanche) que maléfique (pratiquant la magie noire). Il arrive fréquemment qu'une sorcière pratiquant la magie blanche bascule du côté du mal suite à un évènement tragique. La sorcière est régulièrement rencontrée dans l'univers fantastique, soit en tant que héros, soit en tant qu'aide ou d'ennemie.

▪ MYTHOLOGIE

On retrouve des êtres pratiquant la magie dans l'ensemble des mythologies et religions. En revanche, la société en fait des êtres bénéfiques ou maléfiques (en fonction de la mythologie considérée). Dans tous les cas, les êtres pratiquant la magie sont toujours respectés et/ou craints.

▪ MYTHOLOGIE CELTIQUE

Les druides appartiennent à une classe sociale élevée comportant les bardes, poètes et devins. Ils avaient les connaissances des plantes et de leurs utilisations. En Gaule, ils font office d'éducateurs et pratiquent de nombreux rites (celui de la cueillette du gui est le seul qui nous est connu). En Irlande, les druides sont tous magiciens. Ils évoquent le passé et prédisent l'avenir. Ils ont un rôle de guérisseur.

▪ MYTHOLOGIE ÉGYPTIENNE

Isis est la première des magiciennes. Elle est vénérée dans toute l'Égypte et son culte est l'un des derniers à disparaitre. Les prêtres de plusieurs cultes peuvent être considérés comme des sorciers.

▪ MYTHOLOGIE GERMANO-SCANDINAVE

Les sorcières sont des femmes malignes qui tourmentent l'homme en détruisant son travail et qui métamorphosent le bétail. Elles voyagent à dos de bouc et il n'est pas rare de les voir traverser le ciel.

▪ MYTHOLOGIE GRÉCO-ROMAINE

Hécate est la déesse de la magie et de la sorcellerie. Elle est la protectrice des sorcières et les aide à préparer leurs potions. Circé est une magicienne qui transforma les compagnons d'Ulysse en cochon lorsque ceux-ci atteignirent son île. Ulysse ne subit pas son pouvoir car il possédait une herbe, qu'Hermès lui avait donné, qui le protégeait des pouvoirs de Circé.

- **MYTHOLOGIE JUDÉO-CHRÉTIENNE**

Les sorciers sont des êtres pratiquants la magie ainsi que les prêtres des anciennes religions. La magie est toujours noire (jamais blanche) car il s'agit d'une manipulation du monde tel que Dieu l'a créé. Les êtres pratiquant la magie sont presque toujours des femmes (car la femme porte en elle le péché originel et est donc plus encline à la tentation que l'homme).

Les sorciers et sorcières ont de tout temps été condamnés et persécutés. Les périodes les plus noirs ont laissé des traces dans l'Histoire (l'Inquisition du XVème au XVIIIème siècle ; le procès des sorcières de Salem en 1692...). Il ne faut pas confondre les sorciers avec les (rois)-mages qui étaient des prêtres astrologues ayant été avertis de la naissance du Christ par une étoile et l'ayant suivi pour honorer sa naissance.

- **LES CHAMANS**

Les chamans peuvent être assimilés aux sorciers bien que leurs origines diffèrent. Ils sont présents dans de nombreuses régions du monde (principalement en Amérique, Australie, Afrique). En Occident, les druides et certains prêtres avaient le même rôle. Les chamans ont un rôle à la fois de guide et d'intermédiaire. Ce sont des médecins (identification des maladies) et guérisseurs (guérir les maladies), des devins (prédire l'avenir) et des sorciers (retrouver des personnes et objets perdus, démasquer les coupables...). Ils ont aussi un rang social important (ils nomment les enfants...).

SPECTRE

Un spectre est une substance sans corps qui se présente aux hommes pour leur causer des frayeurs. Le spectre est parfois associé à un fantôme.

     C'est pas faux, la mythologie dans Camelot

Squaven / Skaven

Le skaven est un créature issue de l'univers *Warhammer*. Ce sont des homme-rats, ne mesurant pas plus d'1m20, issus d'une mutation causée lors des temps anciens. C'est en grignotant petit à petit la malepierre que les rats ont muté pour devenir des skavens. Ils n'ont qu'un dieu, le Rat Cornu et attendent sa venue pour déclarer la guerre aux autres races (nains, elfes, orques et humains) et ainsi prendre le contrôle de la surface.

Troll

Le troll est issu du folklore des pays du Nord. A l'origine, les trolls sont une race de géant particulier, que **Thor** passe son temps à chasser. Les trolls sont familiers de l'Autre Monde avec qui ils entretiennent de bonne relation.

Au Moyen-Âge, le troll est un être maléfique, situé entre les géants et les hommes. Il est ensuite diabolisé par le christianisme. Par la suite, le troll devient un être féerique, proche des gnomes, plus malicieux que méchant.

Vampire

- **Créature fantastique**

La forme traditionnelle du vampire est celle popularisée par Bram Stoker, à travers son roman Dracula. Le comte Dracula était un personnage sanguinaire de son vivant qui devient vampire à sa mort. Le vampire est souvent séduisant, exerçant un attrait particulier lié aux dangers de la nuit. Avant de pouvoir entrer dans un lieu d'habitation, le vampire doit y être invité par

l'un des occupants de celle-ci. Le vampire est régulièrement rencontré dans l'univers fantastique, le plus souvent sous sa forme judéo-chrétienne, soit en tant que héros, soit en tant qu'ennemi.
Mythologie

- **MYTHOLOGIE AZTÈQUE ET MAYA**

Le dieu Tezcatlipoca, dieu de la Guerre et de la Nuit, était le protecteur des vampires et des loups-garous.

- **MYTHOLOGIE GRECQUE**

On trouve (la) Lamia[5] chez les Grecs qui enlevait les petits enfants pour sucer leur sang. Lamia faisait office de croque-mitaine à l'Antiquité.

- **MYTHOLOGIE ROMAINE**

Les Lémures sont les esprits des morts. On pratiquait des cérémonies, début mai, appelé Lémuria, pour se débarrasser de ses esprits en leur faisant offrande de fèves noires.

- **MYTHOLOGIE HINDOUE**

Les Vétalas sont des vampires qui animent les cadavres. Ils pratiquent la magie noire.

- **MYTHOLOGIE JUDÉO-CHRÉTIENNE**

Il s'agit de la forme la plus populaire des vampires. Ceux-ci sont des vivants qui ont été mordus puis transformer à leur tour en vampire. Traditionnellement, il faut que le futur vampire boive du sang de vampire pour en devenir un lui-même. Mais dans certaines traditions, celui qui est mordu par un vampire devient à son tour un vampire. Les vampires sont des non-morts, ils n'ont pas de pouls ni de reflet dans un miroir. Ils craignent la croix, l'eau bénite, l'ail et l'argent (métal). Pour les tuer, il faut leur enfoncer un pieu en bois dans le cœur ou bien leur trancher la tête. Le feu et la lumière du soleil leur sont fatals.

Les vampires sont soit les descendants de Lilith (première femme d'Adam, créé en même temps que lui avec de l'argile ; stériles et ravisseuse de nourrissons) ou les fils de Judas (celui qui trahi le Christ pour trente pièces d'argent, en lui donnant un baisé et qui se pendra).

5	*Lamia fut aimée par Zeus qui lui donna un enfant. Héra, par jalousie, fit en sorte que Lamia dévore son propre enfant. Elle devint folle par la suite et se « transforma » en monstre vivant dans une caverne et ravissant des enfants pour se repaître de leur sang.*

Symbolisme

Aigle • Airain • Cerf • Corbeau • Lion • Loup • Ours • Pentacle • Salamandre • Sanglier • Solstice et équinoxe • Totem

Aïgle

L'aigle est un animal majestueux, le pendant aérien du **lion**. C'est un symbole de force, de puissance et de hauteur.
Dans la mythologie grecque, il est l'emblème de Zeus et parfois son avatar. Il revêt aussi un aspect cruel (c'est sous cette forme que Zeus revient chaque jour manger le foie de Prométhée qui a été puni pour avoir donné la connaissance du feu à l'Homme).
Il est aussi un symbole d'élévation spirituel et est reprit sous ce sens par la religion chrétienne. L'aigle devient ainsi le symbole de l'évangéliste St Jean.
En tant que symbole de pouvoir, il est reprit par de nombreuses nation comme emblème. C'est le cas de l'empire romain, de Napoléon, du président des États-Unis,…
L'aigle apparait brièvement dans la mythologie celtique où il est reconnu comme l'un des animaux les plus anciens.

Airain

Airain est un alliage à base de cuivre, aujourd'hui appelé bronze.
Symboliquement, l'airain représente la dualité du bien et du mal.
Il symbolise aussi la solidité.
C'est aussi un symbole de protection.

Cerf

Dans la mythologie celtique, le cerf est un animal sacré et royal. Animal noble, il représente la vie, la puissance, la rapidité et la longévité. La capture du Roi Cornu par le prétendant au trône est le rite traditionnel à accomplir pour devenir roi. C'est aus-

si un animal permettant aux hommes de se rendre dans l'Autre
Monde, c'est pourquoi il orne souvent les tombes. Ce symbolisme
est repris par le christianisme médiéval et l'on voit apparaître le
cerf dans les cimetières.

CORBEAU

Le corbeau est un animal de connaissance et de ruse.
Dans la mythologie germano-scandinave, Hugin (Connaissance)
et Munir (Mémoire) sont les **deux corbeaux d'Odin** qui parcourent le monde.
Dans la mythologie celtique, le corbeau est un animal important, un prophète. Il s'agit de l'emblème du dieu Lug. Il se pose
sur l'épaule de Lug et lui fait son rapport. La Déesse Morrigane,
déesse de la mort et de la fureur guerrière, se déplace sous forme
de corbeau / corneille.
En Chine et au Japon, le corbeau symbolise d'amour familial, de
gratitude filiale. Au Japon, le corbeau est un messager divin, tout
comme en Grèce. A l'origine, le corbeau est un héros solitaire,
démiurge ou messager divin, guide et parfois guide des âmes.
Ce n'est que récemment que le corbeau est associé à l'image né-
gative de la mort, le charognard des champs de bataille.
La légende veut que lorsque les corbeaux disparaîtront de la
Tour de Londres, viendra la fin de l'actuelle dynastie royale.

LION

Le lion, roi des animaux, est l'animal de courage par excellence.
Il incarne le pouvoir, la sagesse et la justice. Mais en tant que tout
puissant, son orgueil et son assurance sont ses faiblesses.
Le lion apparait sur de nombreux blasons et armoiries à travers

    C'est pas faux, la mythologie dans Camelot

les lieux et le temps. Il est présent sur le blason du roi bouddhiste qui réunifia l'Inde (encore aujourd'hui). Présent sur le trône de Salomon, il apparait aussi sur celui des rois de France ou des évêques médiévaux.

On le retrouve en tant que puissant et courage dans de nombreuses mythologies. Il est l'un des symboles du **Christ** et de résurrection, il est aussi l'emblème de St Marc (christianisme). Il set de trône à Bouddha et est l'un des avatars de Vishnu (hindouisme). Il est le protecteur des influences malfaisantes en Extrême-Orient. Le lion chasse les démons et apporte prospérité lorsqu'il est célébré les jours de fêtes au Japon.

Loup

Le loup est associé aux guerriers et à la guerre dans la plus part des mythologies antiques (celte, grec).

Dans la Rome Antique, le loup est associé à Mars, il confère courage et puissance. La louve est un symbole de fécondité et de tendresse.

Sa symbolique est très proche de celle du chien dans la mythologie celtique. Il symbolise alors la chasse et la traque.

Dans la mythologie arthurienne, **Merlin** est accompagné d'un loup gris. Ce loup représente le double de **Merlin** qui voyage dans l'Autre-Monde.

Plus récemment, le loup symbolise la sauvagerie. Il est l'incarnation du mal et de **Satan**.

La louve représente la débauche et le désir.

Ours[6]

Dans la mythologie celtique, l'ours est le symbole du pouvoir temporel. Il règne sur le monde matériel et représente la Force. L'ours est en opposition avec le sanglier qui représente le pouvoir spirituel. C'est pourquoi **Arthur** pourchasse la Laie de l'Autre Monde pour avoir les deux pouvoirs.

Pentacle

Un pentagramme (ou pentacle) est une étoile à cinq branches dont tous les points sont reliés entre eux. Il représente l'union des inégaux formant un tout. Il tire sa puissance des contraires dont il est issu. C'est un puissant symbole pour les alchimistes, les sorciers et les francs-maçons. Lorsqu'il est représenté avec une pointe en haut, il s'agit d'un symbole de magie blanche (Cf. image), lorsqu'il est représenté avec deux pointes en haut, il s'agit d'un symbole de magie noire (les pointes représentant les cornes de Satan). Dans l'hindouisme, le pentagramme est un symbole de Vishnu. Il s'agit de cinq triangles entourant un pentagone.

Salamandre

Bien qu'étant un animal qui existe vraiment, la salamandre s'intègre parfaitement dans la superstition et le symbolisme. Batracien en forme de lézard, sa peau est noire ornée de taches jaunes. Sa peau sécrète un venin corrosif qui la protège pendant quelque temps des effets de la chaleur. C'est pourquoi elle peut traverser un feu sans mourir. C'est cette particularité qui en a fait un ani-

---

6   *le nom celte de l'ours est artos*

mal fantastique qui résiste au feu, s'en nourrit qui l'a fortifie et qui aurait la capacité de pouvoir l'éteindre.

Cependant, elle est considérée comme un reptile répulsif qui porte malheur. Ce n'est qu'à partir de François Ier qui en fait son emblème, qu'elle perd son caractère néfaste et reste le symbole vivant du feu.

SANGLIER

Chez les Celtes, le sanglier représente l'autorité spirituelle. Il est associé aux druides. Il est opposé à l'ours, emblème du pouvoir temporaire. Le sanglier est la nourriture sacrificielle lors de Samain et est l'animal consacré à Lug. Le sanglier constitue les festins de l'Autre Monde où il ne diminue jamais.

On retrouve cette idée dans la mythologie nordique. Les guerriers d'**Odin** demeurant à **Valhalla** se nourrissent de la chair du sanglier magique (Sahmrimnir) qui se reconstruit chaque matin. La chasse suivit par la mort du sanglier représente souvent la fin d'un cycle et le début d'un nouveau.

En Chine, le sanglier est l'emblème des Miao que l'Archer (un guerrier) doit chasser.

Chez les Grecs, un des travaux d'Hercule est de chasser le sanglier d'Érymanthe. De plus, le sanglier est responsable de nombreuses morts : Adonis, Orphée…

Dans l'hindouisme, c'est sous la forme d'un sanglier que Vishnu parvient à remonter la terre au-dessus des eaux.

Au Japon, le sanglier est associé au courage, voire à la témérité. Le dieu de la guerre Usa-Hachiman est parfois représenté montant un sanglier.

Attention à ne pas confondre le sanglier et le porc. Tandis que le symbolisme du sanglier est noble, celui du porc est vil. Le porc est sauvage et symbolise la goinfrerie, la débauche effrénée, la lubricité et la brutalité.

Solstice et équinoxe

Le solstice d'été est le jour le plus long de l'année. Le solstice d'hiver fête le jour le plus court de l'année.
L'équinoxe fête le parfait équilibre entre le jour et la nuit. Il est fêté au printemps et en automne.

Totem

Le totem est un animal ou végétal considéré comme l'ancêtre et/ou le protecteur d'une collectivité ou d'un individu. Il peut s'agir aussi de la représentation de cet animal.

Histoire

Alexandre le Grand • Antoine • Aristote •
Attila • César / Jules-César • Cicéron •
Cléopâtre • Euripide • Évêque Boniface •
Justinien • Marc Aurèle • Néron •
Romulus Augustus • S.P.Q.R. •
Stonehenge • Valentinien III

Alexandre le Grand

Né à Pella en 356 av. J.C et mort à Babylone en 323 av. J.C. Il est le fils de Phillipe II et d'Olympia et devient roi de macédoine à l'âge de vingt ans. Il devient maître de la Grèce un an plus tard. Puis il part à la conquête de la Perse qu'il obtient en − 331. Il fonde Alexandrie après avoir conquis l'Égypte en -331. Son empire n'a pas d'égale dans le monde connu de l'époque. Après sa mort en 323 av. J.C., son empire s'effondre.

Antoine

Marcus Antonius (Marc Antoine en français) est un général romain né vers 83 av. J.C et mort à Alexandrie en 30 av. J.C. Lieutenant de César, il forma après la mort de celui-ci un triumvirat avec Octave et Lépide. Vainqueur de Brutus et Cassius à Philippes, il obtient l'Orient en partage. Il s'éprit de Cléopâtre VII, reine d'Égypte, négligent les intérêts de Rome et son épouse Octavie, sœur d'Octave. Octave le vainquit à Actium et assiégé à Alexandrie, Marc Antoine se donna la mort.

Aristote

Aristote est un disciple de Platon et philosophe grec. Il est celui qui relate les pensées de Platon ainsi que les savoirs de l'époque. *La Poétique* est l'un de ces ouvrages. Ces méthodes d'observation et de classement rigoureux ont influencé l'Occident depuis sa christianisation.

Attila

Attila est né vers l'an 395 et mort en 453. Il est le chef unique des Huns en 45. Il envahit ravagea les empire d'Orient et d'Occident. Ayant évité Lutèce qui s'était préparée à la résistance par Ste Geneviève, il fut arrêté à près de Troyes en 451. En 452, il dévasta l'Italie du Nord puis se retira en Pannonie contre le paiement d'un tribut négocié avec le pape Léon Ier.

César / Jules-César

Caius Julius Caesar est né à Rome en 101 av. J.C et y meurt en 44 av. J.C. Issu d'une illustre famille, il gravit sans encombre tous les échelons jusqu'à former un triumvirat avec Pompée et Crassus en – 60. Il est élu consul en 59 et obtient de gouvernement de l'Illyrie, la Gaule et la Narbonnaise. Il est fait consul unique par le Sénat en 52. En 49, Pompée lui ordonne de rentrer à Rome sans son armée et César franchit le Rubicon avec celle-ci et occupe l'Italie. Pompée est en fuite et César le poursuit jusqu'en Égypte où il donne le trône à Cléopâtre. Il est maître absolu de l'empire en 44, il l'est l'*imperator*, dictateur et censeur à vie. Grand général et acteur politique, ces écrits sur la guerre sont célèbres (Sur la guerre des Gaules…). Victime d'une conspiration patricienne, il fut poignardé par Cassius et Brutus au Sénat.

Cicéron

Marcus Tullius Cicero est né à Arpinum en -106 et mort à Formies en -43 av. J.C. C'était un avocat, homme politique, grand orateur et philosophe. Contemporain de César, il est exilé en Grèce en 58 mais rappelé d'exil en 57 et prend parti pour César contre Pompée. A la mort de César, il s'oppose à Antoine et parvient à obtenir sa destitution.

Cléopâtre

Nom de sept reines d'Égypte, dont la plus connue : Cléopâtre VII
- **Cléopâtre VII (69 à 30 av. J.C.)**

Cléopâtre est célèbre pour sa beauté et son intelligence ainsi que pour ses amours avec les puissants du moment (César puis Antoine) qui lui permirent de sauver son trône. Antoine, étant été vaincu par Octave à Actium (31 av. J.C.), elle s'enfuit avec lui en Egypte où ils se suicidèrent. Elle s'empoisonna (ou se fit mordre volontairement) par un aspic.

Euripide

Euripide est né en -480 à Salamine et mort en Macédoine en 406 av. J.C. C'est un poète tragique grec. Il écrivit plus de 80 pièces. Il utilise les anciennes légendes mais contrairement aux autres auteurs, il les juge et les critiques. Ses héros ne sont plus le jouet d'une fatalité inéluctable mais les victimes de violentes passions. Ses pièces révèlent une conception nouvelle de la tragédie où prime le développement de l'intrigue.

Évêque Boniface

Né dans le Devon en 675 et mort en Frise en 754. Archevêque, il est l'apôtre de la Germanie. Il évangelisa la Frise puis la Germanie (Bavière, Thuringe et Hesse). C'est dans l'Hesse qu'il fonda l'abbaye de Fulda.
Il est assassiné à Dokkum, en Frise en 754. Son coprs est enseveli à Fulda.

Justinien

Flavius Petrus Sabbatius Justinianus est né à Tauresium en 482 et mort à Constantinople en 565. Il fut empereur d'Orient, successeur de Justin Ier. Il fut secondé par sa femme Théodora et ses généraux Narsès et Bélisaire. Défenseur de l'orthodoxie religieuse, il affirma la toute-puissance du droit romain. Il fit construire les grands monuments de l'art byzantin : Ste Sophie de Constantinople et St Apollinaire de Ravenne.

Marc Aurèle

Marcus Aurelius Antoninus est né à Rome en 121 et mort à Vindobona (Vienne) en 180. Empereur romain de 161 à 180, il lutta contre les Parthes et les Germains. C'est un habile administrateur et protecteur des arts et des lettres. D'abord tolérant envers les chrétiens, il les fit ensuite persécuter.

Néron

Né en 37, mort en 68. Fils d'Agrippine la Jeune, il fut adopté par l'empereur Claude lors du mariage de sa mère avec celui-ci. Il devint empereur en 54. Le début de son règne se passa bien puis il fit mettre à mort ceux qui auraient pu contrer son pouvoir (son beau-frère, sa mère, sa femme, pour ne citer qu'eux). Accusé d'avoir provoqué l'incendie de Rome, il rejette la faute sur les chrétiens qu'il se mit à persécuter. En 68, les prétoriens déclarent Galba empereur, Néron quitte Rome et sur le point d'être rattraper demande à un de ces fidèles de le tuer.

Romulus Augustule

Romulus Augustule est né en 461 et mort après 476. Il est le dernier empereur romain d'Occident de 475 à 476. Il fut déposé par le chef barbare Odoacre.

S.P.Q.R.

S.P.Q.R. : *Senatus Populus Que Romanus* ; Le Sénat et le Peuple Romain.
Il s'agit de la devise ainsi que de l'emblème de l'Empire Romain.

Stonehenge

Site préhistorique du sud de l'Angleterre, au nord de Salisbury. Son important cromlech est vraisemblablement un ancien sanctuaire dédié à un dieu solaire.

Valentinien III

Flavius Placidus Valentinianus est né à Ravennes en 419 te mort à Rome en 455. Empereur romain d'Occident de 425 à 455, il est le fils de Constance III et de Galla Placidia. Sous son règne, les Barbares s'emparèrent de la Bretagne romaine et les Vandales s'établirent en Afrique.

Géographie

Carte du royaume de Logres dans la série •
Carte du royaume de Logres (au temps d'Uter) •
Carte des régions citées •
Carte des peuples cités

Carte du royaume de Logres dans la série

Gaunes se trouve au Nord de l'Armorique.
Vannes est situé en Armorique.
Bénoïc se trouve entre l'Armorique et l'Aquitaine.

          C'est pas faux, la mythologie dans Camelot

Carte du royaume de Logres (au temps d'Uter)

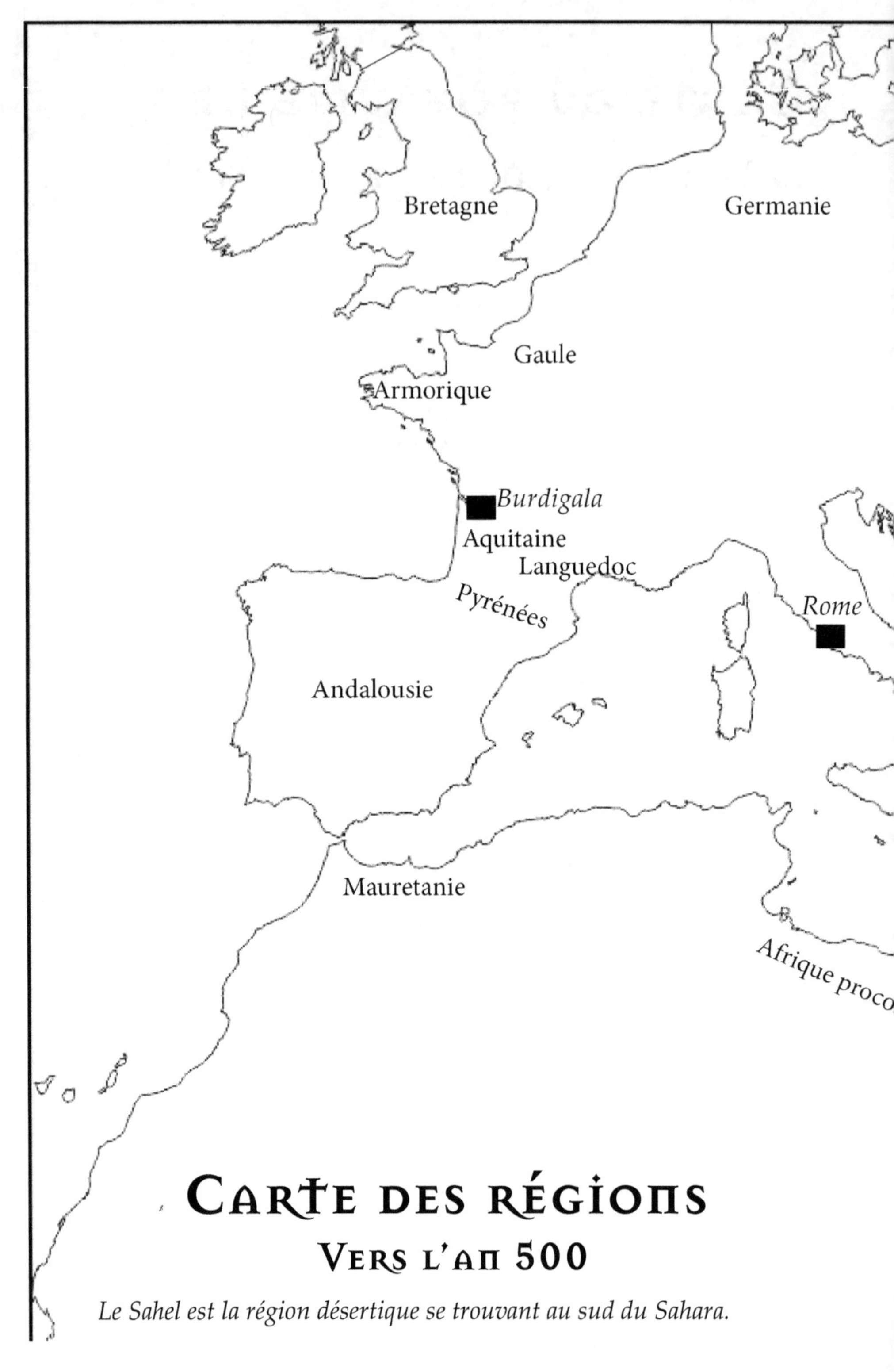

CARTE DES RÉGIONS
VERS L'AN 500

Le Sahel est la région désertique se trouvant au sud du Sahara.

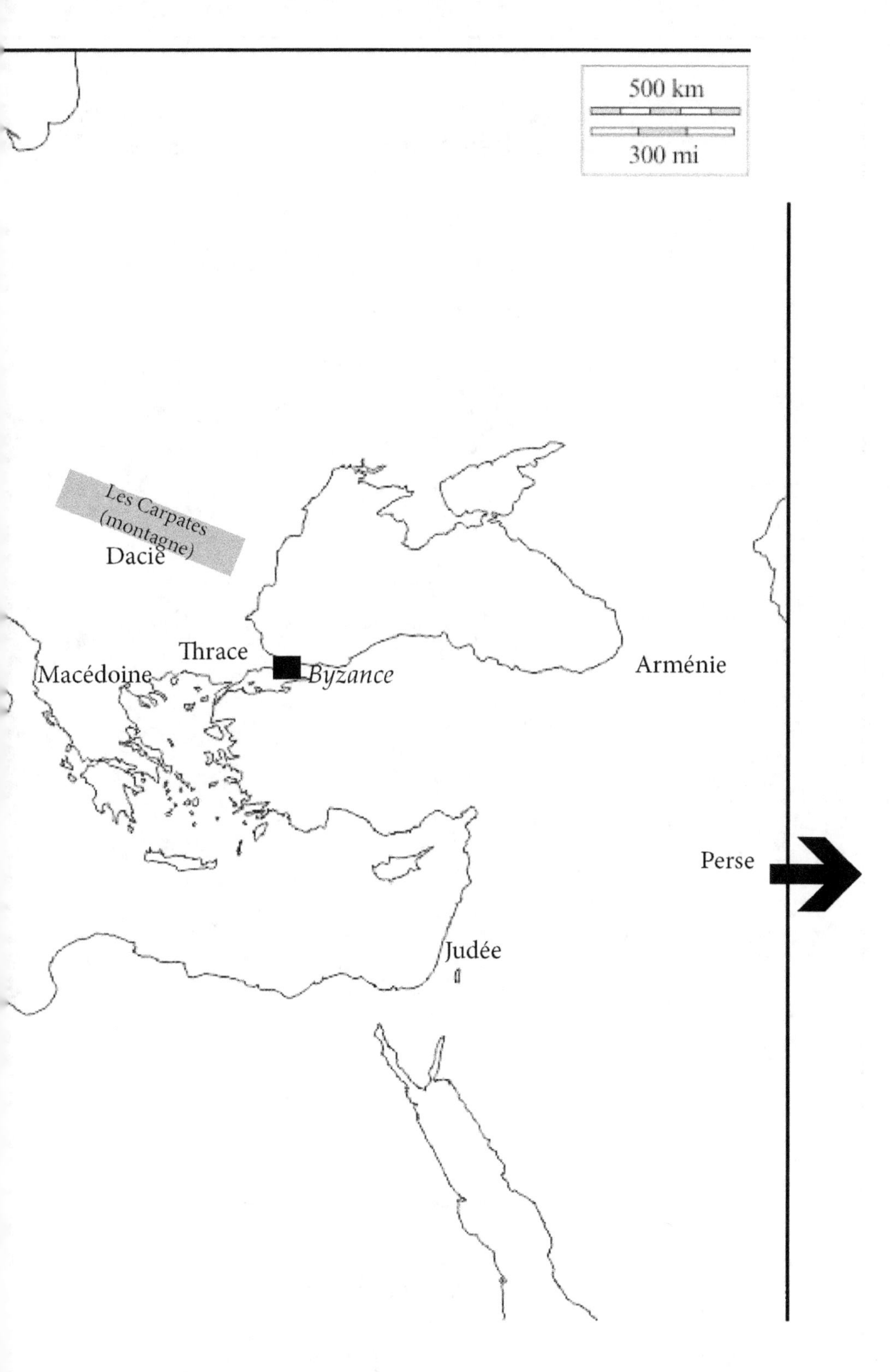

500 km
300 mi
Les Carpates
(montagne)
Dacie
Thrace
Macédoine
Byzance
Arménie
Perse
Judée

CARTE DES PEUPLES

VERS L'AN 500

Les Vikings proviennent des actuels Suède, Norvège et Danemark.
Huns
Empire Romain d'Orient
Athènes

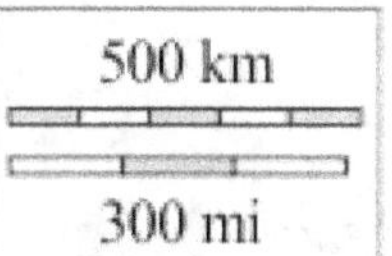

500 km
300 mi

Table des matières

Élément	Mythologie	Page
Agnus Dei	Judéo-chrétienne	45
Agravain	Celtique	13
Aigle	Symbolisme	77
Airain	Symbolisme	77
Alchimiste	Autres mythologies	59
Alexandre le Grand	Histoire	85
Amen	Judéo-chrétienne	45
Ange	Judéo-chrétienne	45
Anna	Arthurienne	13
Antoine	Histoire	85
Anton	Arthurienne	13
Apollon	Gréco-romaine	35
Arche d'Alliance	Judéo-chrétienne	46
Aristote	Histoire	85
Arthur	Arthurienne	13
Attila	histoire	86
Avalon	Celtique	17
Ban de Bénohïc (roi)	Arthurienne	17
Bethléem	Judéo-chrétienne	46
Blaise	Celtique	18
Bohort de Gaule	Arthurienne	18
Bohort de Gaunes	Arthurienne	18
Calogrenan	arthurienne	18

     C'est pas faux, la mythologie dans Camelot

Élément	Mythologie	Page
Camelot	Arthurienne	19
Caradoc	Arthurienne	19
Cassandre	Gréco-romaine	36
Cercle de culture	Autres mythologies	59
Cerf	Symbolisme	77
César / Jules-César	Histoire	86
Chaos	Gréco-romaine	36
Chevalier de la Table Ronde	Arthurienne	19
Chevalier noir	Arthurienne	20
Cicéron	Histoire	87
Cléopâtre	Histoire	87
Confession	Judéo-chrétienne	46
Clous de la Ste Croix	Judéo-chrétienne	46
Corbeau	Symbolisme	78
Corbeau d'Odin	Scandinave	53
Corne d'abondance	Gréco-romaine	37
Dagonet	Arthurienne	20
Dame du Lac	Arthurienne	30
Démon	Autres mythologies	60
Diable	Judéo-chrétienne	47
Dies irae	Judéo-chrétienne	47
Dragon	Fantastique	65
Edern	Arthurienne	20
Elfe	Fantastique	66
Enfers	Autres mythologies	60
Escalibur	Arthurienne	20
Euripide	Histoire	87
Évangéliste	Judéo-chrétienne	47

Élément	Mythologie	Page
Évêque Boniface	Histoire	88
Fée	Fantastique	66
Galaad	Arthurienne	21
Gauvain	Arthurienne	21
Gobelin	Fantastique	67
Gorlais / Gorlois	Arthurienne	22
Graal	Celtique	22
Guenièvre	Arthurienne	23
Harpocrate	Gréco-romaine	37
Hector des Mares	Arthurienne	24
Hoël d'Armorique	Arthurienne	24
Hydre	Fantastique	67
Jésus	Judéo-chrétienne	48
Joseph d'Artimathie	Judéo-chrétienne	48
Junon	Gréco-romaine	38
Justinien	Histoire	88
Kay	Arthurienne	24
Lancelot du Lac	Arthurienne	24
L'Ankou	Celtique	25
Léodagan de Carmélide	Arthurienne	26
Les Parques / Moires	Gréco-romaine	38
Licorne	Fantastique	68
Lion	Symbolisme	78
Lionel	Arthurienne	26
Lot d'Orcanie	Arthurienne	26
Lothar	Arthurienne	26
Loup	Symbole	79
Marc Aurèle	Histoire	88

   C'est pas faux, la mythologie dans Camelot

Élément	Mythologie	Page
Mars	Gréco-romaine	39
Méléagan	Celtique	27
Merlin	Arthurienne	27
Minotaure	Gréco-romaine	40
Monstre	Fantastique	68
Morgane	Arthurienne	28
Mort-vivant	Fantastique	69
Néron	Histoire	89
Odin	Scandinave	53
Ogre	Fantastique	69
Ours	Symbolisme	80
Pentacle	Symbolisme	80
Perceval	Arthurienne	29
Pierre philosophale	Fantastique	69
Poltergeist	Fantastique	70
Pythie	Gréco-romaine	40
Regia	Gréco-romaine	41
Romulus Augustule	Histoire	89
S.P.Q.R.	Histoire	89
Salamandre	Symbolisme	80
Sanglier	Symbolisme	81
Satanique	Judéo-chrétienne	49
Serpent géant du lac de l'ombre	Fantastique	70
Solstice et équinoxe	Symbolisme	82
Sorcière	Fantastique	70
Spectre	Fantastique	72
Squaven / Skaven	Fantastique	73
St Graal	Judéo-chrétienne	49

Élément	Mythologie	Page
St Jean	Judéo-chrétienne	49
St Nicolas	Judéo-chrétienne	50
St Suaire	Judéo-chrétienne	50
Stonehenge	Histoire	90
Thor	Scandinave	54
Totem	Symbolisme	81
Troll	Fantastique	73
Uter Pendragon	Arthurienne	29
Valentinien III	Histoire	90
Valhalla	Scandinave	55
Vampire	Fantastique	73
Viviane	Arthurienne	30
Vulcain	Gréco-romaine	41
Ygerne de Tintingel	Arthurienne	30
Yvain, chevalier au Lion	Arthurienne	31

Pour tout ce qui concerne la géographie ainsi que les peuples, se référer au chapitre Géographie pages 92 à 97.

FILMOGRAPHIE

- *Kaamelott, livre I - CALT édition*
- *Kaamelott, livre II - CALT édition*
- *Kaamelott, livre III - CALT édition*
- *Kaamelott, livre IV - CALT édition*
- *Kaamelott, livre V - CALT édition*
- Kaamelott, livre VI - CALT édition

Bibliographie

• *Encyclopédie du fantastique et de l'étrange l'intégrale, B. Bottet, éd. Casterman, 2008*
• *La Mésopotamie,Ascalone E.,éd. Hazan,2006.*
• *Petit Dictionnaire des Dieux Egyptiens,Blottière A.,éd. Zulma,2000.*
• *Dictionnaire Infernal, J.A.S. Collin de Plancy, éd. Plon, 1863*
• *Dictionnaire Encyclopédique – Édition 2000 ,Collectif,éd. Hachette,1999.*
• *Le petit Larousse des Mythologies du Monde,Collectif,éd. Larousse,2011.*
• *Encyclopédie de la Mythologie,Collectif,éd. le livre séquoia,1962*
• *Petit Larousse des Symboles,Collectif,éd. Larousse,2006.*
• *L'Atlas des civilisations anciennes,Collectif,éd. Atlas,2003.*
• *Mythes et Dieux de l'Inde,Daniélou A.,éd. Flammarion,1992.*
• *Nouveau Dictionnaire de Mythologie Egyptienne ,Franco I.,éd. Pygmalion,1999.*
• *Dictionnaire de la Mythologie,Grand M. & Hazl J.,éd. Texto,2010.*
• *A Dictionnary of Celtic Mythology, J. MacKillop, éd. Oxford !reference, 1998*
• *Petit Dictionnaire du Monde Arthurien,Minary R. & Moorman C.,éd. Terre de Brume,1996.*
• *Dictionnaire de Mythologie Celtique,Persigout J.-P.,éd. Imago,2009.*
• *Dictionnaire des Mythologies,Philibert M.,éd. Maxi-poche Références,1998.*
• *Dictionnaire de l'Archéologie,Rachet G.,éd. Robert Laffont,1983.*
• *Dictionnaire des Religions ,Thibaud R.-J.,éd. Maxi-poche Références,2000.*
• *Dictionnaire de Mythologie et de Symbolique Celte,Thibaud R.-J.,éd. Devry Poche,1995.*
• *Dictionnaire de Mythologie Arthurienne,Walter P.,éd. Imago,2014.*
• *Dictionnaire des noms de divinités, Mathieu-Colas M., 2013.*
• *Who Is Who In The Non-Classical Mythology, Skyes E., éd; Routledge , 2014*

© Editions C.M. Dutkiewicz 27370 St Didier des bois
Dépôt légal : Janvier 2019